令和は瀬戸内から始まる

佐々木良

令和は瀬戸内から始まる

目次

序章　元号か、西暦か

第一章　聖徳太子と暦

第二章　呪われた元号

第三章　瀬戸内から都へ

第四章　新元号は令和

※敬称は省略させていただきました。

序章

元号か、西暦か

万葉集の元号

「新しい元号は、令和《れいわ》であります」

平成三一年（二〇一九）四月一日、菅義偉《すがよしひで》内閣官房長官からこのように新元号が発表されました。続いて安倍晋三《あべしんぞう》内閣総理大臣から、「人々が美しく心を寄せ合う中で文化が生まれ育つ」という意味が込められていると元号の説明がありました。

出典は日本の和歌集『万葉集』巻五の「梅花の歌 三十二首 序」にある一文「初春令月、気淑風和、梅披鏡前之粉、蘭薫珮後之香」の漢文二文字をとりました。

読み下し文にすると「初春の令月《れいげつ》にして、気淑《きよ》く風和《かぜやわら》ぎ、梅は鏡前《きょうぜん》の粉《こ》を披《ひら》き、蘭《らん》は珮後《はいご》の香《こう》を薫《かお》らす」となります。

大意は「初春のよい月で、気は清く風は穏やかで、白梅は鏡の前の美しい人が白粉《おしろい》で装うように花咲き、蘭は身を飾る衣にまとう香のように薫らせる」です。ここに歌人たちが集い歌をかわします。雪解けの春に白梅が咲き、蘭の香りに包まれた白く美しい春の情景が目に浮かびます。これには前後がありますので、口語訳を記します。

梅花の歌三二首　併せて序

天平二年（七三〇）正月一三日、帥《そち》の老人（大伴旅人《おおとものたびと》のこと）の邸宅に集まって、宴会をくりひろげた。

おりしも、**初春のよい月で、気は清く風は穏やかで、**白梅は鏡の前の美しい人が白粉で装うように花咲き、蘭は身を飾る衣にまとう香のように薫らせる。それればかりか明け方の山頂には雲がかかり、松は雲の薄絹《うすぎぬ》をまとい絹傘《きぬがさ》をさしかけたようであり、山の麓《ふもと》には霧《きり》が湧《わ》きおこり、鳥は霧の幕に閉じ込められながら、林に飛び交っている。庭には、この春生まれたばかりの蝶《ちょう》がひらひら舞い、空には秋にきた雁《がん》が帰っていく。

ここで一同、天を屋根とし、地を座席として、膝《ひざ》を近ずけて、酒をのみ交わす。みな恍惚《こうこつ》として、かしこまった言葉を忘れ、雲霞《うんか》の方に向かって、胸襟《きょうきん》を開く。心は淡々として、気分は心地よく、思いが満ち足りている。

ああ、文筆でなければ、どのようにして、この心を表すのでしょう。漢詩には落梅《らくばい》の詩がある。今も昔も変わらないものだ。さあ、この園梅《えんばい》を題して、しばし和歌をよもうではないか。

飛鳥から奈良時代にかけて活躍した公家で歌人の大伴旅人が、太宰府《だざいふ》にて歌会を始める前の情景や心情などを言葉にした部分でした。

大伴旅人は、当時政治の中心にいた長屋王《ながやのおおきみ》のもとで出世した人物です。しかし長屋王が、藤原不比等《ふひと》の子である藤原四兄弟《しきょうだい》との政争に敗れると、連座として京都から瀬戸内海の最果ての太宰府に左遷《させん》されます。神亀《じんき》五年（七二八）のことでした。

「令和」の出典となった一文は、その太宰府で役人らを自宅の梅庭に招き、梅の花を題に和歌をよみあった歌会での一場面です。

左遷されているのにも関わらず、このような晴れやかな心情でいる様子からは、そろそろ都に帰ることができるのではないか、という期待と喜びが見え隠れしています。

一方で、仲間だった長屋王は藤原四兄弟の圧力により自殺します。その数年後に、四兄弟全員が天然痘《てんねんとう》で亡くなったので、これは長屋王の怨霊《おんりょう》のせいだとささやかれるようになりました。

長屋王は皇族ですが、怨霊になった天皇がいます。平安時代末期の崇徳《すとく》天皇です。天皇の怨霊ともなれば、その威力は絶大で、時代を超えて恐れ続けられました。大伴旅人のように都に帰ることも許されず、瀬戸内の讃岐国《さぬきのくに》で、怒りのあまり怨霊になったと伝えらえています。

この怨霊は七〇〇年後、明治天皇によってやっと鎮《しず》められるのですが、怨霊鎮めには、「明治」への改元が大きく関係しています。

本書は元号を主題とした歴史物語です。飛鳥時代から連綿と続くそれぞれの元号には人間ドラマがあります。改元をめぐっては、喜び、愛、哀しみ、怒り、呪い、いがみ合いなど、人間味溢《あふ》れた情のぶつかり合いがありました。

元号とは何かということを解説しながら、最初の元号「大化」から「令和」に到るまでの歴史を振り返ります。

世界の年号

「令和」は、ますます国際的な時代になることが予想されます。

令和元年（二〇一九）には、ラグビーのワールドカップや瀬戸内国際芸術祭、令和二年（二〇二〇）には東京オリンピック、令和七年（二〇二五）には大阪で万国博覧会の開催が予定されていて、国際的なイベントに多くの人が日本を訪れるでしょう。

平成三一年（二〇一九）一月、米紙ニューヨーク・タイムズは「西暦二〇一九年に行くべき目的地　五二選」を発表しました。そして「瀬戸内の島々」が日本で唯一選出されました。世界中の目的地の中で第七位です。瀬戸内の島々に、日本中のどの地域よりも、世界中から多くの人が集まると注目されています。

そうなると、国や人種、宗教も多様性に富んだ、たくさんの外国人を受け入れる国際的な対応が必要になります。

日本人のほとんどは、神道や仏教を信仰していますが、世界各国から、キリスト教やイスラム教、ヒンズー教、その他にも日本人に馴染《なじ》みの薄い宗教を信仰する方が、来日します。

オリンピックでは宗教や国際紛争に関係なく、いがみ合う国同士や民族同士が、金メダルという共通の目標を掲《かか》げ戦います。普段、目を合わすことさえない国家同士の人が、抱き合って喜んだり健闘をたたえ合ったりするのがオリンピックです。また、万国博覧会では、世界各国の人々が、文化や芸術などを目的に集まって品評し合います。

国際化が進む社会の中で「元号の使用をやめて、これを機に国際基準である西暦に変更しよう」という声は、「令和」の改元の際にもささやかれました。

しかし、果たして元号よりも西暦の方が、より国際的だといえるでしょうか。

西暦というのは、キリスト教の神イエス・キリストが生まれてから二〇一九年という意味で、キリスト教由来の年号です。

外国では、国教によって使用する紀年法《きねんほう》が異なります。イスラム圏では、イスラム暦（ヒジュラ暦《ヒジュラ》）を使用しています。イスラム教の預言者《よげんしゃ》ムハンマドがメッカを離れ移住した日を元年とした年号です。ヒンドゥー教徒の多いインドでは、インド国定暦《こくていれき》が公式に採用されています。仏教国では、仏滅紀元《ぶつめつきげん》（仏暦《ぶつれき》）が使われています。ユダヤ人の多いイスラエルではユダヤ暦です。

日本では、今年は、令和元年、平成三一年ですが、世界では、西暦二〇一九年、ヒジュラ暦一四四〇年、仏暦二五六二年などが使用されています。

欧米の先進国の多くはキリスト教国家のため、基準となる紀年法は西暦です。しかし、キリスト教への反発もあり、西暦を国家が認めていない国が存在するのも事実です。フランスでさえ、フランス革命の際、カトリック色の強い暦法をやめ、西暦ではない独自のフランス革命暦《かくめいれき》を作成したほどです。

アジアでは、基準が必ずしも西暦とは限りません。

中国と韓国は西暦。台湾は民国暦《みんこくれき》。タイは仏暦。シンガポールはイスラム暦。北朝鮮は主体暦《しゅたいれき》。なおインドネシアでは、先の大戦（第二次世界大戦）後の独立宣言書に「一七／八／〇五」の日付がみえます。これは、皇紀《こうき》（神武《じんむ》天皇即位紀元）二六〇五年八月一七日を意味しています。

アジアに目を向けると必ずしも西暦ではないことがわかります。日本だけが独自の年号を使っているわけではなく、国内では、独自の年号を使いながらも、国際的には西暦を併用しているのが実情です。

■世界の年号

年号	令和元年	使用国
元号（令和）	元年	日本
元号（平成）	31 年	日本
神武天皇即位紀元	2679 年	日本
西暦	2019 年	アメリカ、欧州など
ヒジュラ暦	1440 年	サウジアラビアなど
仏滅紀元	2562 年	タイ、ミャンマーなど
民国紀元	108 年	台湾
主体暦	108 年	北朝鮮
インド国定暦	1940 年	インド
ユダヤ暦	5779 年	イスラエル

宗教統合の元号

日本の元号は、飛鳥《あすか》時代の「大化《たいか》の改新《かいしん》（大化二年・六四六）」で「大化」を建てたことに始まり、本格化される「大宝《たいほう》」から途切れることなく使い続けられている歴史の古い年号です。これは、一五〇〇年前から運用が始まった西暦と並んで、世界に現存する年号の中で運用の歴史が長い年号の一つです。

しかも、西暦のように一年ごとに加算するだけの無期限法ではなく、数年で人為的に替える有期限法です。それに、西暦は一五〇〇年前から実用されていて、五〇〇年遡《さかのぼ》って始まりの年を仮定して使用していますが、元号は始まりの年がはっきりしています。元号の歴史には、この先の未来は、どんな世の中がいいか、国のあり方をみんなで考えながら、作り上げていった記録が残っています。人々の希望と叡智《えいち》が詰まったものが、元号です。

報道各社によって「令和」の元号は、二四八個目と二三二個目という二つの言い方がありました。南北朝《なんぼくちょう》時代に、皇位継承をめぐる争いから京都の北朝《ほくちょう》と、奈良の南朝《なんちょう》にそれぞれ天皇がいて、天皇が二人、元号が二つという時代があったためです。

のちに、京都と奈良に割れた時代の天皇は南朝を正統と認め、以降は北朝を正統とするという交換条件が話し合われ統合が決まりました。そのため、北朝のみで即位していた五人の天皇と一六の元号は数に含まれなくなりました。よって、現在の天皇は一二六代目、元号は二三二個目ということになります。北朝を含めると、一三一人の天皇と二四八個の元号が存在していました。

長い歴史の中で、存続の危機は数度ありました。しかし、根強い人気をもとに、初の元号が建てられてから一四〇〇年もの間、主力として使い続けられました。

「平成」から「令和」への改元でも、一部では元号は時代遅れという声が聞こえつつも、大きな議論になりませんでした。

四桁の西暦よりも、二桁単位で変わる元号のほうが使いやすいという声があるのも現状で、国民に広く親しまれているというのも事実です。

「明治」に一世一元と決まってからは、新元号は天皇の崩御を前提とするため、次の元号は何かと声にすることすら不敬とされ、はばかられていました。

今回は、平成の御代の天皇の譲位が決まると同時に改元することも定められましたから、連日テレビやインターネットで、次の元号を予想する番組が多く組まれるようになり、国民の大きな関心のうちだったようです。

天皇とともにあった元号ですが、天皇の主権自体が脅かされ、元号の存在意義が問われることが過去に数回ありました。

建元《けんげん》の頃より、天皇が改元する力を持っていましたが、「保元《ほうげん》の乱《らん》（保元元年・一一五六）を機に鎌倉《かまくら》時代に突入すると、武家が主導的に改元するようになります。南北朝時代には、日本各地にある国が、南朝または北朝を支持するかで割れ、同じ時期に二つの元号が使われていました。明治維新《めいじいしん》の際に、西洋の文化が入ってくると、それに対して、西暦のようなひと続きの神武天皇即位紀元の「皇紀」を使用する動きが活発化します。

そして、昭和二〇年（一九四五）に終結した先の大戦後、アメリカの統治下《とうちか》に置かれた日本では、GHQ主導の下、大日本帝国憲法の改正を迫られました。GHQ主導で憲法が制定され、以降は「戦後何年」や「新日本何年」という無期限年号を使用する案が出るに至ります。

ところが戦後も、国の連続性が認められ、天皇の代替わりも改元もなく続いた「昭和」の元号は、奇跡としかいいようがありません。

先の大戦後に議論のあった際には、「神道人も、仏教徒も、キリスト徒も、国民のあらゆる党派、教派の人々が、元号だけは同一のものを使用している。今後、一切キリスト紀元暦を用いることになると、国家がキリスト教を支持しているように感ずる。元号は、国民統合の象徴のような意義も感ぜられる」として元号は憲法上保証されているという意見が出ます。

日本国憲法では、国民は個々の宗教や信仰は自由に認める「信教の自由」がありますが、一方で国家には、特定の宗教を認めない「政教分離」の原則があります。憲法第二〇条と第八九条がそれに該当します。それに加え、あらゆる宗教の人がいる日本で、元号は、日本国民の統合の象徴であるとして、日本国憲法一条にもある「日本国民の統合」の役割もあるというのです。

元号は、時代を象徴するものです。明治《めいじ》天皇によって交付された「改元《かいげん》の詔《みことのり》（明治元年・一八六八）」によって一世一元《いっせいいちげん》となってからは、天皇の諡《おくりな》として使われるのが慣例です。法律の効力は、天皇の御名御璽《ぎょめいぎょじ》と元号による年次と日付が書かれることによって成り立ちます。時代の法律や文化、流行など「平成」の三一年間を一言で表せるのが元号です。

時代を象徴する元号の漢字二文字には、このように多くのことが込められています。

キリスト教の西暦、無宗教の元号

欧米では、キリスト教徒が多く、西暦が基準になっています。ところが、世界人口のうち最も多く信仰されているキリスト教の信仰者数は二二億人で、世界人口の三割ほどです。次いで多いイスラム教は一五億人で世界人口の二割ほどです。この二つの宗教者数を合わせても、世界人口の半数を超えたくらいです。

世界には多様な宗教が存在していて、国教がキリスト教ではない国は、西暦を採用していないこともあります。その場合、その国の宗教由来または国家樹立を紀元とした年号などを使用しています。

日本では日本国憲法の「政教分離」の原則によって、キリスト教の神イエス・キリスト生誕紀元由来の西暦の使用は、今もなお公的には認められていません。政教分離の適用はアメリカなどの国の憲法にも定められていますが、憲法の改正を命じたアメリカ中心で結成されたＧＨＱですら、西暦は政教分離の精神に反するので、強制しないと答えています。今後も特定の宗教由来の年号を認めることはないでしょう。政教分離の原則のあるアメリカでも、西暦はキリスト教という特定の宗教由来のものだとの認識があるということです。

一方で、国民には、「信仰の自由」が認められていますので、各個人にキリスト教の信仰が認められていることと同様に、個人が西暦を使用することは自由であり、禁止もされていません。しかし、国家としては、キリスト教由来の西暦は国家公認の年号としては認めがたいものです。

元号の利点は、宗教に関係なく使うことができるということに尽きます。

大日本帝国憲法では、皇室典範《こうしつてんぱん》の条に元号の規定がありましたが、日本国憲法として改正される時に憲法から規定がなくなったので、昭和五四年（一九七九）に元号法が成立し、元号は国が認めた法的根拠をもちました。

もちろん、国内の公的な場では元号を使用しますが、国際的な場では国際常識として西暦を使います。先にも述べたようにアジア各国の例をとっても、国内的には独自の紀年法を使い、国際的な場では西暦を使うというのが、むしろ国際的には一般的です。

世界には数え切れないほど宗教が存在します。国内の宗教法人の数だけでも一八〇〇〇を超えています。国内の生活において元号は、どの宗教を信仰する人でも使える年号です。

また無宗教であるがゆえに、元号は国際紛争と関係なく使える唯一の年号といっていいでしょう。

近年、世界中で起きている戦争の多くが、宗教対立から生まれています。例えば、キリスト教国家とイスラム教国家が、宗教を巡る戦争をしているとしましょう。戦争終結による調印式《ちょういんしき》では、西暦を使用するでしょうか。イスラム暦を使用するでしょうか。これは意外と難しい判断だと思います。

中国（中華人民共和国《ちゅうかじんみんきょうわこく》）は、台湾（中華民国《ちゅうかみんこく》）のことを国家としては認めておらず、同時に、台湾（中華民国）建国由来の民国暦というのも認めていません。朝鮮半島にある南北の国もお互いを国として認めていません。北朝鮮では主体暦を使用しますが、韓国ではそれを使用しません。このように世界を見渡せば、世界中が一斉《いっせい》に使用できる年号は存在しません。

西暦が一般化している現代社会で、元号は使いにくいという声があるのも事実です。その最大の理由が、西暦のようにひと続きで、終わりを想定していない無期限年号と違って、いつかは改元することを前提にしている有期限年号だということです。

「明治」以降は、天皇の一世一元に決まっているので、「昭和《しょうわ》」の時のように、突然今の元号は今日をもって終わり、明日からは違う元号を使うということもありました。

西暦二〇一九年の百年後を計算する際は、単純に一〇〇の数字を足せばよいですが、令和元年の百年後は、令和一〇一年であるかどうかわかりません。

ところが、日本では、元号が公認ですから、百年後はその元号が使われている可能性が低くても、令和一〇一年という書き方をします。

逆も然りで、令和元年の百年前は、計算では求めることができません。平成三一年（二〇一九）と令和元年（二〇一九）が同年であるなど、元号では確実な年の計算が不可能なので、いったん西暦のような無期限年号に置き換えて計算しますから、そこに不便を感じる人が多いのだと思います。

日本では、キリスト教は一パーセントの人にしか信仰されていない宗教です。キリスト教を国教としない国は西暦を使用しないことがありますが、日本国民は元号だけではなく、西暦も使用します。

そこにすべての宗教に寛容な神道らしさを感じ、特定の宗教に縛られない日本人の信仰として、元号も西暦も自由に使う気質があるように思います。

個人がどの年号を使用しようが自由ですが、憲法で定められた「政教分離」や「信教の自由」の観点から、国家が国民に西暦を強要することは、憲法の精神に反するといえます。元号の存在意義は憲法第一条「国民統合の象徴」の精神にあります。大日本帝国憲法の草案《そうあん》を作成した井上毅《いのうえこわし》は、『古事記』『日本書紀』、それに『万葉集』などの日本文学を読み込んで、第一条の「大日本帝国ハ万世一系ノ天皇之ヲ統治ス」の一言を導き出しました。当時の憲法第一条の精神は、戦後に改正された日本国憲法と本質的には、同じことが書かれています。

なお、日本には元号の他に、初代天皇が即位したことを元年とした「皇紀」と呼ばれる神武天皇即位紀元の年号もあります。初代天皇が即位したことは、日本建国と同じ意味です。

馴染みは薄いですが、昭和一五年（一九四〇）の皇紀二六〇〇年を記念して作られた零《れい》式艦上戦闘機《しきかんじょうせんとうき》、通称「ゼロ戦」と聞けば、わかる人も多いかもしれません。ちなみに、令和二二年（二〇四〇）には、皇紀二七〇〇年を迎えます。

最近では一般的とはいえず、認知度も低いですが、「令和」においても公的に実用されています。それは、閏年《うるう》の算出です。

およそ四年に一度、一日加算される閏年は、皇紀によって決まっています。

明治五年（一八七二）、改暦の布告により一年を三六五日とし、四年に一度閏年を置くことを決め、それは皇紀によって算出することを定めました。この法律は今でも実用されていて、特に不便な点もないので、今後も改正されないものとみられます。

明治三一年（一八九八）の勅令《ちょくれい》九〇号の閏年に関する件では、「皇紀年数を四で割って、割り切れる数を閏年とする」などが定められています。これを元に二月二九日が追加されます。法令を遵守《じゅんしゅ》した記載にすると次のようになります。

令和二年二月二八日
皇紀二六八〇年二月二九日
令和二年三月一日

実際には、令和二年二月二九日と書かれることになりますが、皇紀は閏日により法的根拠をもった年号です。

西暦二〇二〇年は、平成三一年度・令和二年・皇紀二六八〇年二月二九日の三つの年号が存在する特異な年になります。

このように日本においては、有期限年号「元号」と無期限年号「皇紀」の両方が公的に有効です。

なかでも、日本の国内では、いかなる政党も承認していて、どの宗教を信仰をする人でも使用できて、しかも日本国憲法によって保証されている元号が最優先されます。

西暦を使うかどうかは個人の自由で、西暦で書かれたものは直ちに無効というものでもありません。

憲法や法律に規定されているので仕方なく元号を使っているのではなく、『古事記』や『日本書紀』に書かれたことが、国民性にそのまま合致して、現代においても国民から親しまれているからこそ、一四〇〇年も使い続けてこられたということは忘れてはなりません。

なぜ改元するのか

日本には、言霊《ことだま》信仰があります。言葉には霊《たましい》が宿っていて、生命があるというものです。万物には命が宿り、言葉にも生命が宿るというのは日本人特有の信仰です。

奈良時代に発令された「諸国郡郷名著好字令《しょこくぐんごうめいちょこうじれい》（和銅《わどう》六年・七一三）」では、全国の地名を良い意味をもつ漢字二文字に改めさせました。例えば、香川県の志度寺のある志度《しど》という地名はかつては、死渡《しど》と死《し》の字を用いていましたが志《し》に変わっています。

また、言葉で発したことは本当になるということで、不快な言葉は良い言葉に置き換えられてきました。「死ぬ」という言葉ひとつとっても「お隠れになる」「旅立つ」「永眠」というような言葉に置き換えられます。

「葦」の漢字は、アシともヨシとも読みます。本来読むべきアシは「悪し」と解釈できるので、伊勢神宮《いせのじんぐう》の屋根に使われた葦は「良し」の意味をこめてヨシと読みます。

京都の貴船《きぶね》にある神社は、水の神様なので、濁《にご》らないように濁点《だくてん》をとって、貴船《きふね》神社と読みます。

こうして日本語には、美しい言葉が残るようになりました。

時も同じです。災害や天変地異など悪いことを回避しようと、あるいは良いことがあるとその流れを維持しようと、言葉の力を借りて新たな時代を作ろうとしました。それが、元号です。

元号は、漢字二文字に、希望や夢を乗せました。

元号が建てられてから、不思議なことに元号どおりの世の中になります。

「平成」はまさに「平らに成る」時代でした。平成最後の天皇誕生日の天皇陛下のお言葉は「平成が戦争のない時代となり」というもので、平和が達成されたと元号の意味を暗示しているようでした。

「明治」は明らかに治まる、「大正」は大きく正しい、昭和は戦争がありましたが最終的には昭《あき》らかに和んだ時代だったように思います。

一四〇〇年前の飛鳥時代から二三二個も続く元号ですが、改元する理由は様々でした。良いことが起こるとその慶事《けいじ》を祝う祥瑞《しょうずい》の改元、大地震や大火事など天変地異《てんぺんちい》が起こると、それを避け、鎮める改元などをして、時に言霊を込めて新たな時代を作ろうとしました。

元来、改元する力は、天皇のみに与えられた特権です。疫病《えきびょう》の蔓延《まんえん》や飢饉《ききん》から国民の生活を救おうと、ひと続きの時の流れを、改元によって一新して国の繁栄《はんえい》を願って祈る力でした。

何かが起きてから改元するのではなく、不穏《ふおん》な予兆《よちょう》がある時も、改元でそれを避けようとしました。中華帝国の漢《かん》王朝から盛んになっていた思想に讖緯説《しんいせつ》というものがありますが、これは六〇年に一度、革命が起こるというものです。干支《かんし》が辛酉《しんゆう》の年を「革命」といい王朝の革命があるとされ、甲子《かっし》の年を「革令《かくれい》」といい政治の変革が起こるとされました。大きな社会変革や政治上の革命が起きるとされることから、その厄災《やくさい》を避けるために改元が行われました。

それでもすべてがうまく機能しているかといえばそうでもなく、改元が成功することもあれば、失敗することもありました。うまくいかず、わずか七三日しか使われなかった元号もあります。

改元は、過去に二三一回（北朝を合わせれば二四七回）、およそ六年に一回の頻度《ひんど》で行われています。

元号には良い漢字を使います。日本で一般的に使われる常用漢字だけでも二一三六字あります。人名漢字などを含めると、およそ六〇〇〇字です。

「切」「死」「呪」といった良い意味を持たない漢字は使われません。漢字は、一字一字に意味があり、組み合わせによっても、良い意味にも悪い意味にも変わります。「馬」や「鹿」の漢字は一字なら悪い意味ではないですが、「馬鹿」の二字なら悪字です。一字でも二字でも好字になるものが採用されます。

また、怨霊《おんりょう》という考えもあり、崇徳天皇《すとくてんのう》や菅原道真《すがわらのみちざね》、平将門《たいらのまさかど》が有名です。呪いの言葉を残したということで、後世の人が、必死にその言葉の力を鎮《しず》めようとします。天皇や元号にも呪いをかけられたことがあります。

本書では、歴代天皇がどのように改元してきたか、歴史を紐解《ひもと》きます。

第一章には、日本で初めて元号が使われた飛鳥から平安《へいあん》時代まで元号がどう扱われてきたか、そもそも元号とは何かということを解説しています。

第二章は、天皇の改元する力が武家に奪われた鎌倉時代の歴史について記しました。

第三章は、史上初、御籤《みくじ》で決まった「明治」の元号についてです。明治天皇は皇居にて即位礼《そくいれい》を行なっていましたが、その日、明治天皇の勅使《ちょくし》は讃岐国《さぬきのくに》にいました。翌日には瀬戸内の島、直島に向かいます。そして、勅使が讃岐国から京都に帰ってきた翌日に、御籤をひいて元号を決めます。なぜ、そのような大切な日に讃岐国にいたのでしょうか。なぜ、元号は御籤の方式だったのでしょうか。

拙著『美術館ができるまで』で、直島《なおしま》の芸術の島としての成長を紹介しましたが、本書では、「明治」への改元に欠かすことのできなかった直島の歴史について紐解いていきます。

また、「令和」の元号については第四章に記載しました。近年の元号の採択は、過去に元号の候補として挙がったものから、選ばれることが多いです。過去の元号候補はこの章で一挙に公開します。

第一章

聖徳太子と暦

日本初の元号は「大化」

元号とは、中国《ちゅうごく》大陸を中心とする漢字文化圏に広まった紀年法です。紀年法とは、年の数を数える方法です。

かつては中国大陸や越南《えつなん》（現在のベトナムのあたり）、渤海《ぼっかい》（現在のロシア、ウラジオストクのあたり）、南詔《なんしょう》（現在のチベットのあたり）、朝鮮半島などアジアの国々で元号が使われていましたが、それらの国では現在、元号は使われていません。元号の文化を残しているのは、日本が唯一になりました。

日本では、皇極《こうぎょく》天皇四年（六四五）、飛鳥時代に蘇我《そが》氏の討滅《とうめつ》を機に、孝徳《こうとく》天皇が即位して間もなく、日本初の元号として「大化」を定めました。

この年を大化元年（六四五）と定めたことを最初として、現在も使われ続けています。

中国大陸では、清《しん》の時代に使っていた「宣統《せんとう》」を最後に、西暦一九一二年に中華民国を樹立《じゅりつ》してから元号は使われなくなりました。ベトナムはフランスの保護国になってからも独自の元号「保大《ほだい》」を使っていましたが、西暦一九四五年のホー・チ・ミンの革命（ベトナム八月革命）で王朝が滅びると共に元号も消滅しました。ベトナムが元号をやめたことにより、ついには元号を使う国は日本だけになってしまいました。

このことは、歴史上、日本がどこの国からも支配されてこなかったことを示すもので、先人たちが守り抜いてきた独立国の証《あかし》です。

では、そもそも元号とはどういったものなのでしょうか。

元号は本来、年号《ねんごう》といいます。明治以降、一世一元に決まってからは、元号と呼ぶようになりました。元は「はじめ」という意味で、天皇の一世に、一回の元《はじめ》があるという意味です。天皇の代替《だいが》わりで、年号を元にするから元号です。

年号の元を改めるから改元で、元の号を改めたものが元号です。改元するから元号なので、元号は改元ありきです。例えば、今後、今の元号「令和」を改元せずに無期限に使い続けるとすれば、それは元号ではなく年号です。西暦や皇紀は、改元を想定していないので年号です。

令和一年といわずに、令和元年というのは、はじめの年を意味するからです。

では、なぜ改める必要があるのでしょうか。それも、一四〇〇年のうちに二三一回も改元されています。

建元以来、「疫病の流行」「兵乱《ひょうらん》」「天変地異（災異）」「代始《だいはじめ》の祥瑞《しょうずい》（めでたいきざし）」などを理由に改元されています。

「明治」以降の改元は、天皇の代替わりごとの「代始の祥瑞」です。先代の天皇が崩御《ほうぎょ》した悲しみの改元ではなく、新しい天皇が即位するめでたさを祝っての改元です。

元号はある一定の期限のある有期限年号であり、西暦など他の年号は、終わることを考えていない無期限年号です。元号は年号の一種ですが、改元することを目的とする有期限年号という点で、他の無期限年号とは違う世界唯一の年号です。

仮に、最初の元号「大化」を使い続けていれば、令和元年（二〇一九）は大化一三七四年ですが、はじめから無期限に使い続ける意図はありませんでした。

元年は、正月一日から始まるとは限りません。改元が正月一日に行われたのは「天応《てんのう》」の一例だけです。

五月一日に改元した「令和」のように年の途中から始まるものがほとんどです。「暦《りゃく》仁《にん》」のように、二か月だけしか使わなかった元号もあります。

「天平感宝《てんぴょうかんぽう》」は四月から七月までの三か月しか使われなかった元号でしたので、前後の「天平《てんぴょう》」と「天平勝宝《てんぴょうしょうほう》」を合わせ、西暦七四九年には元号が三つありました。

「昭和」は、昭和六四年（一九八九）の正月七日に天皇が崩御したので、「平成」は正月八日から始まりました。

「明治」は九月八日に改元しましたが、遡って正月一日から適用することにしたので、結果的に、慶応《けいおう》四年（一八六八）は消滅し、明治元年（一八六八）に改められました。

日本で最初に元号を建てた孝徳天皇は、日本史上初めて譲位した天皇であり、初めて改元した天皇でした。譲位や改元が行われた今、元号や天皇の歴史を振り返ってみるのは、意味があるように思います。

最初に元号を建てたのは大化の改新の時で、律令国家への道を歩み始めた頃です。その後「白雉《はくち》」と「朱鳥《あかみとり》」の直後に二回元号が中断したことがありますが、文武《もんむ》天皇が新たに「大宝《たいほう》」を建ててから、現在の「令和」までひと時の空白なく、脈々と続いています。

鎌倉時代は兵乱の時代になり、民衆が嘆くほど毎年のように改元が頻出《ひんしゅつ》しましたが、近年は、「明治」が四五年、「大正」が一五年、「昭和」が六四年、「平成」が三一年と比較的長い時代が続いています。

天体と暦

混在しがちですが、年号（紀年法《きねんほう》）と暦《こよみ》（暦法《れきほう》）は違います。

西暦は、暦という漢字を用いていますが、暦ではありません。和暦《われき》も同じです。

また、暦と似た言葉で、同じくレキと読む「歴」という漢字があります。過去の時を表すものには「歴」、それに対して未来を表すものには「暦」の漢字が用いられています。

年号は紀年法によって、暦は暦法によって表記されます。簡単にいうと、今年は何年というのが年号で、今日は何月何日というのが暦です。

年号は加算式なので、令和元年（二〇一九）は一度しか訪れませんが、暦は日付や季節を表すものなので、五月一日という暦は三六五日ごとに無限に訪れます。

暦は、太陽（年）、月（月）、地球（日）の天体の関係から作ります。

地球は自ら回る自転をしながら、太陽の周りを回る公転をしていて、地球の周りを月が公転しています。

太陽、月、地球の三つの天体は、異なる動きをしているので、このうち二つを中心に暦を作ると、どれかひとつは必ずずれる結果になります。現在、日本で使っている暦は、太陽と地球の関係で作ったものなので、暦と月の周期はずれています。

月の満ち欠けを基準に暦を作ったのが、太陰暦《たいいんれき》です。太陰とは月の意味です。

新月から始まり、上弦《じょうげん》の月、満月、下弦《かげん》の月を経て、また新月に戻るまでが、およそ二九・五日。これを一二回繰り返すと太陽の軌道《きどう》を回る地球が元の位置に戻ってくるという考えです。これをひとつの月の周期として、ひと月としました。

月の満ち欠けの二九・五日を四で割ったのが週です。新月から七日後に上弦の月、それから七日後に満月、それから七日後に下弦の月、それから七日後に新月で、ひと月が四

■天体と暦

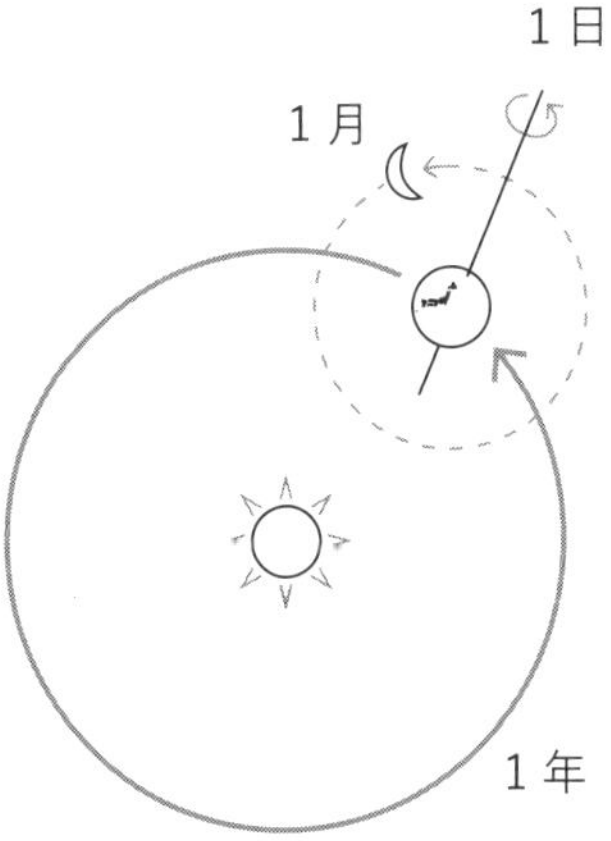

週間となりました。

この太陰暦は、一見わかりやすくていいのですが、月の満ち欠けによって暦を作るため、二九・五日×一二か月では、一年の日数が三五四日となります。したがって実際に地球が太陽の周りを公転する周期三六五日とは一一日ずれてしまい、一年で一一日のずれは、三年で一か月、九年で一季節（三か月）ずれてしまうのです。

そこで、太陽の動きを考慮する太陰太陽暦《たいいんたいようれき》ができます。三年に一度、ひと月を追加することにより、太陰暦のずれを正しました。一年一二か月の年と、一年一三か月の年がある暦となりました。

ひと月が二九・五日なので、小の月を二九日まで、大の月を三〇日までとしました。月の最後の日を晦日《みそか》（三十日《みそか》）、すべての月を締《し》めくくる一年の最後の晦日を大晦日《おおみそか》と言います。

書簡《しょかん》に記載する日付は、暦と季節の一致は必要ではありませんが、農耕など実際の生活では、何月何日に種をまけばいいのか、暦と季節の一致は重要でした。

三年に一度、一か月もの閏月を入れる方法では、後の二年は季節がずれるので、これを補正するため太陰太陽暦を改訂した太陽暦が生まれます。

太陽暦は、太陽の周りを一周する間（一年）に、地球の自転する数（一日）をカウントした数三六五日を基準として、それを一二か月に振り分ける方法です。季節を重視するために、月の周期は参考にする程度にとどめました。

暦で一般的に使われている太陽暦では、地球が太陽の周りを公転して一周するのにかかる歳月を「一年」。月が地球を公転して一周する期間を「一月」。地球が自転して一周し、元の位置にまで戻ってくる期間を「一日」と定義しました。

今、世界でもっとも広く使われているのが、この太陽暦です。

太陰太陽暦では、月の動きから暦を作っていたため、月の始まりは必ず日曜日でしたが、太陽暦では、月と週は参考程度だったため、月の始まりが何曜日からか分かりません。

このようにして、日付または季節に振り分けた暦法が生まれました。暦は、年号のように加算するものではありません。それゆえ、一〇月一日から五月一日まで何日経ったのかということも、暦では算出できません。なぜなら暦は、日付や季節以上のものを必要としていないからです。

東洋の農耕民族が、暦でもっとも必要としたのは、日付よりも、いつ寒くなって、いつ雨が降って、いつ種をまけばいいのかという季節でした。そこで中華帝国では一年をおよそ一五日ずつに分けた二十四節気《にじゅうしせっき》というものが作られました。春が始まる春分《しゅんぶん》、秋が始まる秋分《しゅうぶん》、一年で日が一番短い冬至《げし》、日が一番長い夏至《げし》などです。

このように、暦の種類は大きく以下の四つに分類されます。月を基準とする太陰暦、それに太陽を組み合わせた太陰太陽暦、太陽の動きを基準に作った太陽暦、季節をあらわす二十四節気です。

明治以前は、太陰太陽暦を使っていましたが、鎖国《さこく》をやめて開国してから、太陽暦に変更し、現在に至ります。それまで使っていた太陰太陽暦を旧暦と呼び、新しく使い始めた太陽暦を新暦と呼んでいます。

ところが、暦法というのは、日付を振り分けた暦に過ぎませんから、この日付はいつのものなのかを判別するために年号（紀年法）が作られます。

年号は、元号や西暦など、ある年を基準として年を数えるものです。暦に従い正月一日をもって年を加算していく数え年方式です。

これに対して元号は、ただ単純に年を数える年号にとどまらず、時の名称を改めることで気持ちを一新して、良い時代を迎えようとしたのです。

日付や季節を表しているのが暦法、ある年を紀元として数えるのが紀年法で、これらは全く違うものです。本来は暦ではない西暦に、暦という漢字が当てられているため誤解を招きやすいので、西年や西号というほうが正しいのかもしれません。

■月をもとに作った暦

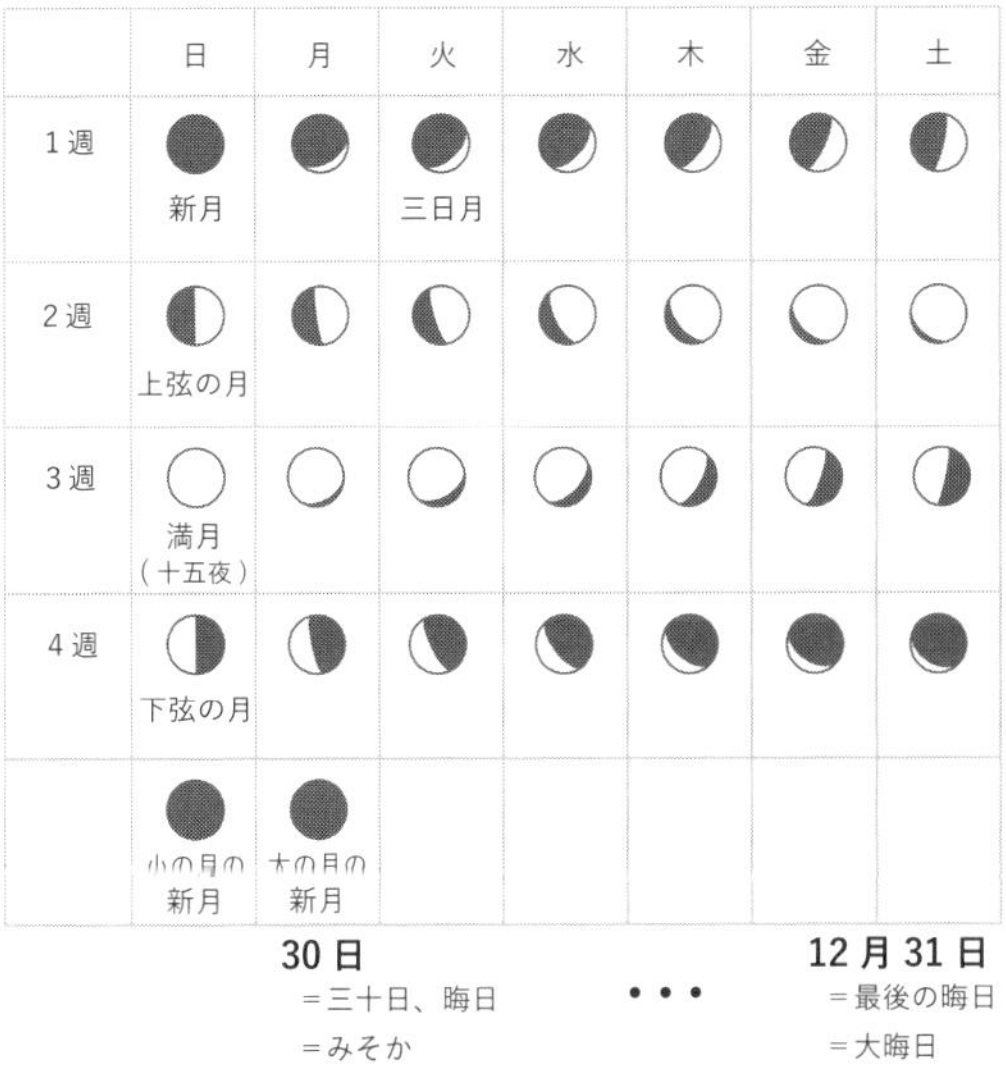

なぜ閏日は二月二九日なのか

ギリシャ語の数字の数え方は、一（mono モノ）、二（di ジ）、三（tri トリ）、四（tetra テトラ）、五（penta ペンタ）、六（hexa ヘキサ）、七（hepta ヘプタ）、八（octa オクタ）、九（nona ノナ）、一〇（deca デカ）……と続きます。

日常生活にも馴染《なじ》みが深く、黒一色はモノトーン、三つ揃《そろ》うとトリプル、アメリカの国防総省《こくぼうそうしょう》の五角形の建物はペンタゴンです。

ところが、一月、二月、三月と数える月の名称には、不思議な現象が起こっています。octa は八を表す文字なので、八本足の蛸《たこ》はオクトパス（octopus）、八度音程《はちどおんてい》はオクターブ（octave）です。しかしオクトバー（october）は、八月ではなく一〇月です。九はノナ（nona）なのにノベンバー（November）は一一月です。一〇はデカ（deca）なのに、ディセンバー（December）は一二月です。

月の名称は、ギリシャ語の数字が元になっているものがありますが、それらの月の名称は、すべて二か月後ろにずれています。

これには、太陰暦より前に使われていた暦が関係しています。暦は、地上から星を観測して導き出す理論値です。そのため、天文《てんもん》学者や暦《れき》学者などの研究によって補正していきます。

暦の初代は、古代ローマで使われた「ロムルス暦」です。二代目は「ヌマ暦」、三代目は「ユリウス暦」、四代目は「グレゴリオ暦」です。他にもありますが、おおよそこのように推移しています。

ロムルス暦は、農業を基本とした暦でした。農業をしない月は暦にカウントしていなかったので、月は一〇までしかありません。

そこで、農業をしない冬の二か月を追加した「ヌマ暦」を使い始めました。これによって、名称のずれを生むことになります。

ヌマ暦は、ロムルス暦で使っていた一〇か月の年初に一月と二月を追加して、一年を一二か月としたもので、年の始まりを一月一日と定めました。

つまりロムルス暦の年初の月が三月へと二か月ずれ、その名残として、本来八月を意味するオクトバーが、二か月後の一〇月になったというわけです。足して調節した後の二月《にがつ》は二八日までと中途半端な日で終わることになりました。閏年が、二月の末日に一日追加して調節するのもこのためです。

これにより、ヌマ暦は一年一二か月の三五四日に、三年に一度およそ三〇日の閏月を入れて調整する完成度の高い暦にでき上がります。ところが、正しく管理できていなかったため、いつしか暦が季節に比べ六〇日ほど進んでいました。

これを改定したのが「ユリウス暦」です。太陰太陽暦や旧暦ともいい、日本では明治五年（一八七二）までこの暦に近いものを使用していました。

平年を三六五日として、四年に一度、一日を追加する閏年をもうけ、一年の平均を三六五・二五日にしました。

この暦は、かなり正確だったので最初は違和感なく使えましたが、微々《びび》たるずれが蓄積されて、暦が一〇日ほど、ずれていることに気づきます。

そこで、季節がずれないように、地球が太陽のまわりを回って元の位置に帰る太陽年（回帰年《かいきねん》）をもとに暦を作ります。これが現在多くの国が採用している「グレゴリオ暦」です。太陽暦や新暦ともいいます。日本では明治六年（一八七三）から太陽暦が採用されて現在に至ります。

グレゴリオ暦の本質は、実際の太陽年と誤差がないくらいに近づけることでした。実

■2か月ずれた月名と、閏日 2/29

ギリシャ数字	古代ローマ暦
暦なし	
1(mono)	Martius
2(di)	Aprilis
3(tri)	Maius
4(tetra)	Iunius
5(penta)	Quintilis
6(hexa)	Sextilis
7(hepta)	September
8(octa)	**October**
9(nona)	November
10(deca)	December

追加

グレゴリオ暦	月
January	1
February	2
（閏日）	(2/29)
March	3
April	4
May	5
June	6
July	7
August	8
September	9
October	**10**
November	11
December	12

際の太陽年は三六五・二四二二日ですから、四〇〇年で一〇〇回訪れる閏年を三回減らして九七回にしました。

グレゴリオ暦の規定は、次の四つです。

①一年は、三六五日とする。
②四年に一度、閏年をもうける。
―ここまでは、ユリウス暦と同じ―
③ただし、西暦が一〇〇の倍数の年は、閏年にしない。
④ただし、西暦が四〇〇の倍数の年は、閏年とする。

西洋では西暦をもとに閏年の年を算出していますが、日本では皇紀に基づいて算出しているため、少し規定が異なりますので、第三章で詳細を記載します。

新しい制度を導入したグレゴリオ暦で、記憶に新しいのが西暦二〇〇〇年で、④の条件にまで当てはまる年でした。

また、閏年が「四年に一度」といわずに、「およそ四年に一度」というのも、四〇〇年に九七回だからです。

グレゴリオ暦は一年平均三六五・二四二五日となり、実際に地球が太陽のまわりを回って元の位置に帰っていく太陽年の三六五・二四二二日との差は、〇・〇〇〇三日（二七秒）と、限りなく近づきました。

しかし、それでも一年に二七秒ほど暦が太陽年を超えるので、塵《ちり》も積もれば山となり、西暦五〇〇〇年頃には一日のずれが出てしまいます。そのうちに閏年を一回やめる必要がありますが、これは当初からの想定内です。

また、若干の軌道のずれを正すために何年に一度か一秒だけ挿入《そうにゅう》して、閏秒による調整も不定期に行っています。

こうして、正月一日から一二月三一日までの一年三六五日とする単位が出来上がりました。

ただしグレゴリオ暦は、曜日の不一致が問題視されているうえ、ロシア正教会やイスラム教では、未だ普及しておらず、世界中の人が使える新しい太陽暦への移行が、たびたび議論されています。例えば、正月一日が必ず日曜日から始まる世界暦《せかいれき》は、月が三〇日と三一日で構成され、毎年同じカレンダーが使える利点があります。

その他にも、グレゴリオ暦の不足を補う太陽暦が、いくつか開発されています。

聖徳太子

「正朔《せいさく》を奉《ほう》ず」という言葉があります。天子《てんし》の統治に服《ふく》し、君主《くんしゅ》に仕えるという意味です。正朔とは、正月朔日（正月一日）のことで、天子の代替《だいが》わりに新しく暦を変えたことから中華帝国に支配されることを言います。

朔《さく》は新月、望《ぼう》は満月のことをいい、月の一周期を朔望月《さくぼうづき》と言います。朔日は月の初日のことです。

中国の古典の『驃国楽《ひょうこくのがく》』に、中華帝国の王の統治に服する者は、その王の制定した暦法を守ったことが記載されていて、そこから転じて、天子の統治に服し、君主に仕える、その権力に服するという意味で使われるようになりました。

正朔を奉ず（暦を頂戴する）ことは、中華帝国に服従する国になるということです。

飛鳥時代には、中華帝国から暦をもらうことを拒否して、独立国日本としての尊厳を守ったことがあります。

その中心となったのが聖徳太子《しょうとくたいし》です。聖徳太子は、摂政として推古《すいこ》天皇を補佐していました。

西暦二九〇年ごろの『魏志倭人伝《ぎしわじんでん》』には「倭国《わこく》は暦をもっていないが、稲作を基本とした年紀を使っている」とあるので、当時の日本には暦に近いものがあったようです。自然豊かな国土の日本では、梅の開花や残雪の加減が春を知らせるなど、自然が季節を教えてくれたのでしょう。

奈良時代の『日本書紀』には欽明《きんめい》天皇一四年（五五三）に、日本と友好国だった百済《くだら》の暦博士《れきはかせ》を朝廷に招いたという記述があります。当時は「元嘉暦《げんかれき》」を使っていました。

また、平安時代の『政事要略《せいじようりゃく》』には推古天皇一二年（六〇四）に、日本人の手によって初めて作られた暦の頒布《はんぷ》を行った記述があります。

奈良県の飛鳥石神遺跡《あすかいそのかみいせき》の木簡《もっかん》には、持統《じとう》天皇三年（六八九）を示した干支《かんし》や星座の動きで暦を表した「具注暦《ぐちゅうれき》」が見つかっていて、実用例が確認されています。この飛鳥時代には、すでに日本独自の暦を作ることに成功していて、中華帝国の暦をもらう必要はなかったと考えられます。

日本は独自の暦を必要としていました。日本には中華帝国とは違う春夏秋冬、台風や梅雨などの季節があります。海洋国家として魚を食べていましたから、季節によって食べる魚も漁場も異なります。

飛鳥時代に活躍した聖徳太子は当時、厩戸皇子《うまやどのおうじ》と呼ばれていましたが、没後の天平勝宝《てんぴょうしょうほう》三年（七五一）には、聖徳太子という追号《ついごう》が贈られています。

『法起寺塔露盤銘《ほうきじとうろばんめい》』には、「慶雲《きょううん》三年上宮太子聖徳皇《じょうぐうたいししょうとくこう》」と聖徳の名称が出てきます。「聖（ひじり）」とは「日知り（ひじり）」であり、暦の取得に成功し、日を知っている皇太子の意味で贈られたのかもしれません。

百済から暦博士を招いた頃、聖明王《せいめいおう》により仏教が伝えられていました。聖《ひじり》の漢字が当てられていることから、彼もまた暦を知っていたのでしょう。

『万葉集』巻一では、初代天皇である神武天皇の御代を「橿原《かしはら》の聖の御代」と表現しています。こちらは新しい時を始めたという意味のようです。

飛鳥時代、先代の崇峻《すしゅん》天皇の急な崩御《ほうぎょ》により、日本初の女性天皇として推古天皇が即位していました。女性天皇が誕生したのは、男系の血統を維持することが目的でした。皇位継承資格者がたくさんいるため、皇位争いを先送りする目的の一時的な措置です。

そこで、いったん男系の血筋をひく推古天皇が即位し、卓越した政治能力をもつ聖徳太子が皇太子として摂政をとります。

その頃、中国大陸には、強大な軍事力を誇る隋《ずい》王朝が誕生していました。隋は冊封《さくほう》体制をとり、周辺国を次々と臣下《しんか》におき、東洋で大きな影響力を広げていきました。

冊封とは、支配はされませんが政治的に従属し、小国が中華帝国の臣下になることです。冊封に置かれた国は、隋の圧倒的な軍事力の下、名目上は独立国家としての尊厳は保たれるけれども、隋の顔色を窺《うかが》うような外交立場に置かれました。世界の中心と思っている隋の天子は、周辺国の首長《しゅちょう》に臣下としての称号「王」を与えていました。国に主従関係がある体制です。

国に主従関係があるとはいえ、双方に利点のある体制でした。

冊封された国は皇帝より王として封ぜられます。大国から、王として認められることは、一つの権威が与えられることです。周辺国からの侵攻を隋の巨大な軍事力を背景に抑《おさ》えることができます。隋に取り込まれないのであれば、圧倒的な軍事力の隋のもとに権力基盤を安定させることができました。一定期間ごとに隋に、朝貢《ちょうこう》（貢物《こうぶつ》を差し出すこと）を行うことになっていましたが、これに対して隋はそれよりも、はるかに価値がある品を下賜《かし》していましたから、冊封国は、それだけで大きな利益を上げることができました。

一方の隋は、下賜に巨額の費用がかかっても、戦争で撃退するより安上がりでした。

それに中華思想によって周辺を蛮族《ばんぞく》と考えていた隋にとっては、文明の恩恵を与えることは皇帝の徳であると考えられていました。

下賜は、金品に換算できるものだけではなく、法律や漢字といった文化的なものも含まれていました。暦に限っては、常に最新のものを手に入れることができました。冊封国は中華帝国のものを、そのまま使っていましたから、独自で新たなものを生み出す必要はありませんでした。

西洋の狩猟民族に比べ、東洋の農耕民族にとっては、いつ種を蒔いたらいいのかというのは大きな関心事で、暦は生活に不可欠でした。

ところが、聖徳太子は暦を受け取っていません。日本は朝貢すれども、冊封は受けずという絶妙な距離感を作ります。飛鳥時代には、日本の季節に合った独自の暦を完成させていたのです。中華帝国の暦は、必要ありませんでした。

推古天皇一五年（六〇七）、聖徳太子は隋に遣隋使《けんずいし》を派遣します。遣隋使に選ばれたのは、小野妹子《おののいもこ》でした。日本に残された資料には、推古天皇八年（六〇〇）の最初の遣隋使のことは記録にありませんが、『隋書《ずいしょ》』によると、これが二回目の遣隋使だったようです。

儒教《じゅきょう》が国教化すると、中華思想の隋は、自らは世界の中心という意味の「中華」という美称を用い、四方の国を夷狄《いてき》（野蛮人）として北狄《ほくてき》、東夷《とうい》、南蛮《なんばん》、西戎《せいじゅう》と蔑称《べっしょう》して見下していました。

聖徳太子が、小野妹子に託した手紙は「日出処《ひいずるところ》の天子、書を日没する処の天子に致す、恙無《つつがな》きや、云々《うんぬん》」と始まります。日が昇るところの天子が、日が沈むところの大子に申します、というのです。

隋の皇帝、煬帝《ようだい》はその手紙を読んで「こんな無礼な書簡を私に見せるな」と激怒します。巨大帝国を築いた隋の煬帝が、見下していた日本に、私とあなたは同じ「天子の位」と対等を示されたからです。中華帝国のいう天子とは、世界の中心・中華の皇帝を指す言葉で、世界に一人しか存在しません。激怒した割には、手紙で注意する程度で、日本はその後も対等という立場で毅然《きぜん》と外交をしています。

日本はそれなりの軍事力を保持していたのかもしれません。軍事力のない弱小国ならば、日本を攻めて支配することもできたはずですが、聖徳太子は、日本は決して隋の冊封を受けない（臣下にならない）対等の国であるという気概《きがい》を示したのです。

これに対して煬帝は、小野妹子とともに答礼使を派遣し、日本の朝廷に対して「今後はそのような非礼はしないように」という内容を書いた書簡を持っていかせます。

ところが、小野妹子は、それほどの大事な外交文書をなくしてしまいます。この処罰として流刑《るけい》に処されますが、直後に恩赦《おんしゃ》されて冠位十二階《かんいじゅうにかい》の最高位に昇格しています。形式的には処分していますが、実際には、国益にかなう行動を称《たた》えたということなのでしょう。

そして、翌年、聖徳太子は三度目の遣隋使を派遣して、隋に手紙を託します。「東の天皇つつしみて、西の皇帝にもうす」と始まります。ここでは新しく「天皇」という言葉を用い、またも対等である気概を示しました。

これ以降、隋との外交記録は残っていません。呆《あき》れてものも言えなかったのかもしれません。とにもかくにも、日本は独立国の尊厳を守り、また、天皇という言葉を誕生させています。

三度目の遣隋使から一一年後の推古天皇二六年（六一八）、朝鮮半島の高句麗《こうくり》との戦いに疲弊《ひへい》した隋は、ついに滅亡しました。

隋が高句麗との戦いにいかに重きをおいていたか。高句麗と日本が連合で攻めてこられるより、朝貢すれども冊封は受けないという、日本を独立国として認めざるを得ない緊迫した東アジアの政治情勢がみてとれます。

隋滅亡後には、次の唐《とう》王朝が誕生し、同じように遣唐使《けんとうし》を派遣していますが、冊封を受けていた記録がないので、すでに中国と日本では対等外交が定着していたようです。

聖徳太子が、中華帝国から暦をもらわなかったことは、日本国史の中でも大きな成果でした。日本が、中華帝国の暦を使うことによって、時を支配されるという認識を持っていたのだと思われます。

初めての改元は「白雉」

「大化」の元号を打ち建ててからおよそ五年、初めての改元が行われます。『日本書紀』には、そのことが書かれています。

又詔曰、四方諸国郡等、由天委付之故、朕總臨而御寓。今我親神祖之所知穴戸国中有此嘉瑞。所以、大赦天下、**改元**白雉。

西暦のように宗教創始者の誕生紀元の年号ではないので、最初に大化という元号を建てたときから、改元することは前提でした。

穴門国《あなとのくに》（山口県西部）で捕らえた珍しい白い雉《きじ》を孝徳天皇に献上したことから、祥瑞として、元号を「大化」から「白雉《はくち》」に変更します。これが初めての改元となりました。

ところが、孝徳天皇の崩御と共に「白雉」の元号は使われなくなり、改元も行われず、新しい元号も建てられませんでした。運用当初は公式な制度も法制化もなく、定着しなかったのでしょう。次の元号「朱鳥《あかみとり》」が建てられるまでの三二年間は、元号は空白期間でした。

「朱鳥」が建てられますが、これも定着せずにすぐに使われなくなり、三つ目の「大宝」から本格運用されます。

使いやすさを考えれば、西暦や皇紀のような、ひと続きの年号がいいかもしれませんが、元号には、新たな時代を作っていく思いを乗せているため、年数を表す以上の意味合いがありました。

悪い気の流れは断ち切る必要があり、それを改元で乗り越えてきました。逆に良いことが起こっても改元します。悪いことが起こる予感、予兆でも元号を変えました。

ひと続きの時の流れを、区切ることができるのが、唯一元号です。不幸な時間はそこで終わらせ、幸福な時はそれを喜び、新たな時を刻みます。

改元の理由については、「天変地異（災異）」「疫病の流行」「兵乱」「吉兆」「代始の祥瑞」など悲喜こもごもです。

天変地異（災異）では、長雨、ハレー彗星《すいせい》、地震、火災などがあります。火災などの被害をこれ以上広がらないように、また、これ以上の地震が連動しないようにと、時を改めました。平成二三年（二〇一一）に起こった東日本大震災級の災害なら、何度も改元されています。

疱瘡《ほうそう》や赤疱瘡《あかもがさ》などの疫病の流行での改元も存在します。感染症などの病気が蔓延《まんえん》すると、これ以上広がらないように、時を切ろうとしました。鎌倉時代には、兵乱を理由としたものが多く見られます。

「白雉」や「朱鳥」は、吉兆《きっちょう》の改元です。馬が献上されたことやめでたい雲の出現などでも改元されています。このような祥瑞によるものは、飛鳥時代に多くみられます。

今回の「令和」の改元は、代始の祥瑞です。すなわち、新たな天皇が誕生する慶事《けいじ》を記念し、新しい良い時代を作っていこうと願う改元です。

本格的に始まる元号「大宝」

「朱鳥」を建ててから一五年、持統天皇は、孫の軽皇子《かるのおうじ》を文武《もんむ》天皇として即位させ、四つ目の元号「大宝」を建てます。

日本で初めて金が産出されて、それが献上されたことにより「大宝（＝金）」という元号に決まったのですが、元号が建てられた最初のうちは、このように祥瑞の改元が続きます。また元号名は、献上された品の名称をそのままつけたものが多く見られます。「白雉」は白い雉の献上による、「朱鳥」は赤い鳥の献上による、「大宝」は金の献上による、「慶雲《きょううん》」は夕空に雲が現れたことによる、改元でした。

飛鳥時代の成果は、独立国の尊厳を守ったこと、天皇という称号を作ったこと、初めて元号を建てたことなど、現在の日本の礎となりました。

それだけではありません。道徳などを説いた「十七条憲法《じゅうしちじょうけんぽう》」を制定し、生まれた家や身分に関係なく実務実績によって評価する「冠位十二階《かんいじゅうにかい》」の制度をつくります。また、日本という国号を用いて外交を始めたのもこの頃です。

大宝元年（七〇一）には、日本独自の法律「大宝律令《たいほうりつりょう》」が完成し、この際に公式記録には元号を用いることが決められました。大宝律令は、大化の改新の詔《みことのり》が基本になっています。

この「大宝」の元号が建てられてからは、「令和」まで途切れることなく元号が続いています。

その後の奈良《なら》時代には、日本最初の歴史書である『古事記』、初の国家編纂《へんさん》の公式の歴史書『日本書紀』、日本最初の歌集『万葉集』が完成します。地名には漢字二字の良字を使う「諸国郡郷名著好字令」によって漢字が広がります。この時から地名は、ほとんど変わっていません。

飛鳥時代の一〇〇年の歴史は、日本においての漢字や日本語などで国家の文化を作っていく重要な時代でした。伊勢神宮の神宮式年遷宮《じんぐうしきねんせんぐう》が行われるのもこの飛鳥時代が始まりです。戦国時代に一時中断があったものの、一三〇〇年もの間続けられています。

藤原《ふじわら》家が台頭し、その分家には、佐藤、加藤など姓が与えられて、武家を中心に名字が普及されるのもこの頃です。なお、中華帝国から冊封を拒否し、王の称号（姓）が与えられなかったため、今でも天皇には名字がありません。

聖徳太子の時代に日本独自の暦を作成して、中華帝国の冊封体制から抜け出したことが、どれほど歴史を左右したことか計り知れません。

また、国家以外が作った年号に「列滴《れってき》」「璽至《じし》」「善記《ぜんき》」など、僧侶《そうりょ》などが作ったものがありますが、天皇が許可した元号ではないので、私年号《しねんごう》や異年号《いねんごう》と言われています。『続日本紀《しょくにほんぎ》』や『愚管抄《ぐかんしょう》』にみられる「白鳳《はくほう》」や「朱雀《すざく》」も私年号に分類されます。

怨霊で始まった平安時代

飛鳥時代の成果によって、天皇という称号・日本の国号・独自の元号・法律などの制度が出来上がりました。

次の奈良時代には、文字としての日本語・国家公認の歴史書・漢字二文字の地名・名字などが完成しています。暦の作成に成功していなければ、中華帝国に飲み込まれていて、これらのことは成し遂げられなかったのかもしれません。

飛鳥時代は「慶雲」までで終わり、次の元号「和銅」から奈良時代になります。

以下に、奈良時代の改元理由を記載します。

「和銅《わどう》」は純度の高い銅の献上による、「霊亀《れいき》」は不思議な亀の献上による、「養老《ようろう》」は美しい泉で皮膚が滑らかになったことによる、「神亀《じんき》」は白い亀の献上による、「天平《てんぴょう》」は背に天と平の文字がある亀の献上による、「天平感宝《てんぴょうかんぽう》」は天皇に感応して宝が出現したことによる、「天平勝宝《てんぴょうしょうほう》」は代始による、「天平宝字《てんぴょうほうじ》」は蚕の産みつけた卵が宝の字を形づくったことによる、「天平神護《てんぴょうじんご》」は乱の終結が神の護りによる、「神護景雲《じんごけいうん》」は瑞《ずい》雲《うん》の出現による、「宝亀《ほうき》」は白い亀の献上による、「天応《てんのう》」は天に美しい雲の出現による、改元です。

このように、奈良時代は八〇年という短い時代でしたが、すべてがめでたいことを祝う祥瑞の改元でした。また四文字元号は、奈良時代に限られたものでした。

この頃は、めでたい宝物の出現をそのまま元号の名称にしています。「雲」「亀」などの漢字は、それらの出現による名称なので、現代の代始の改元では、それらの漢字は使われにくいと思われます。

奈良から京都に都を移した背景には、朝廷内では、藤原一族の藤原北家《ふじわらほっけ》と藤原式家《ふじわらしきけ》による激しい権力闘争や、次代の天皇となる皇太子をどちらの血筋から出すかの戦いがありました。

その結果、光仁《こうにん》天皇から譲位を受けた藤原式家方の山部王《やまべのおおきみ》が桓武《かんむ》天皇として即位します。桓武天皇は藤原式家を重用し、弟の早良親王《さわらしんのう》が皇太子となります。これにより元号は「延暦《えんりゃく》」に改められ、桓武天皇が京都長岡京《ながおかきょう》に都を移したことによって平安時代が始まります。

しかし還都から間もなく、藤原北家の藤原種継《ふじわらのたねつぐ》が殺害され、その事件に関わった多くの人が斬首《ざんしゅ》や流罪になります。その連座《れんざ》として、次の天皇に即位するはずだった早良親王も幽閉《ゆうへい》されたのち、淡路国《あわじのくに》に配流されることになり、その途中で憤死《ふんし》します。その後、飢饉や疫病の流行が立て続けに起こり、人々は早良親王の怨霊《おんりょう》だと噂しました。桓武天皇は長岡京では心が定まることがなく、平安京《へいあんきょう》へ都を移します。

ところが、遷都した平安京でも怨霊に悩まされます。

昌泰《しょうたい》四年（九〇一）、讃岐国《さぬきのくに》の長官を務めるなど政治面で手腕を発揮していた菅原道真《すがわらのみちざね》が、太宰府に左遷される「昌泰の変」が起こります。

そのまま太宰府にて生涯を閉じますが、都では、左遷に追いやった藤原時平《ときひら》が病死、裏切った藤原菅根《すがね》が雷に打たれて死にます。そのほかにも、次々と不審死が発生し、人々はこれを菅原道真の怨霊だと考えました。

文化人としても名高い菅原道真は、『万葉集』から和歌を学んでいました。都を出る前には「東風《こち》吹かば　匂ひをこせよ　梅の花　主なしとて　春な忘れそ」と、『万葉集』を想起させるような梅の歌を詠んでいます。

平安時代は、四〇〇年も続き、全体を通して安定した華やかで雅《みやび》な時代でしたが、これまでになかった祟《たた》りや災異、革命年など、凶事《きょうじ》での改元が現れ始めます。

また、平安時代は戦乱の世が始まる時代でしたが、他方で漢字を簡略化したひらがなの登場により、次々と名作文学が生まれました。

延喜《えんぎ》五年（九〇五）の『古今和歌集《こきんわかしゅう》』によって小野小町《おののこまち》や紀貫之《きのつらゆき》といった文学者たちが登場し、『枕草子《まくらのそうし》』『源氏物語《げんじものがたり》』などが時代の煌《きら》びやかさを物語っています。絵画においては大和絵《やまとえ》や絵巻物が登場し、それらから情緒や雅さの世相が伝わってきます。

平安時代は、日本芸術史の中でもっとも文化力が高い奈良時代の天平文化と、それに次ぐ鎌倉時代の鎌倉文化に挟まれた時代でした。しかし、のちの運慶《うんけい》や快慶《かいけい》、湛慶《たんけい》といった鎌倉文化の巨匠たちが活躍するのも、平安時代の仏師・定朝《じょうちょう》の芸術が礎《いしずえ》になっていたからでした。

政治情勢も安定したもので、外国から攻めてくるようなこともなく平穏な時代でした。

平安時代末期は、武士の力が大きくなり、平氏の台頭により朝廷の権力が衰退していきます。しかし、その平氏も源氏に滅ぼされて、源頼朝が鎌倉に幕府を開くに至ります。これにより四〇〇年も続いた平安時代は終わりを迎えます。これは、明治維新以降、築き上げてきた東京時代の一五〇年や、江戸時代の二六〇年を優にしのぐ長さでした。

平安から鎌倉時代への移行は、日本建国以来もっとも大きな変革の一つでした。飛鳥から奈良時代、奈良から平安時代のように、都の場所が変わるだけの時代移行ではありません。これまで朝廷が持っていた実権が、武家に移ってしまう大変革でした。そして武家中心の社会が本格化します。

それ以降、明治時代に至る七〇〇年先まで、武家が政権を握ることになります。天皇に権威はあったものの、その権威を利用する形で、武家が政治に対する権力を握るようになります。天皇の権力の衰退を象徴するのが、改元する力を失ったことでした。

天皇の改元する力は、七〇〇年後の孝明《こうめい》天皇が発した黒船来航などによる「安政《あんせい》」の改元まで戻ることはありませんでした。

天皇が改元する力を失ったきっかけは、保元の乱でした。保元の乱とは、新天皇と元天皇による後継者争いから、公家、武家、寺院を巻き込む大惨事《だいさんじ》に発展した戦いです。敗者となった崇徳天皇はこの世に恨みを残して憤死し、怨霊となります。

怨霊の恐怖は、後世にも語り継がれます。「保元」の一連の出来事は『保元物語《ほうげんものがたり》』『兵範記《へいはんき》』『百錬抄《ひゃくれんしょう》』『愚管抄《ぐかんしょう》』『古事談《こじだん》』などによって伝えられています。平安時代は、早良親王や菅原道真の怨霊によって始まり、崇徳天皇の怨霊によって終わる時代でした。

「保元」の衝撃は大きく、その後の元号にも影響を及ぼします。

過去の改元については、天変地異や疫病の流行といった改元理由が記録として残っているものがほとんどですが、江戸時代の「正保《しょうほう》」から「慶安《けいあん》」への改元理由は記録に残っていません。

正保元年（一六四五）は、正に保元の年とも読め、「保元」を思い起こさせてしまい、不吉だと民衆から不評の声が上がったからといわれています。五〇〇年前の元号が、時代を超えて恐れられていたようです。

保元の乱から三年後には、保元の乱と同じように、新天皇と元天皇の対立による「平《へい》治《じ》の乱（平治元年・一一五九）」が起こります。幕末の「元治《げんじ》」は、保元の乱の「保元」と、後に起こった平治の乱の「平治」から一文字ずつとった悪号だという批判もありました。

幕末の天皇・孝明天皇は、「保元」以前にあった天皇の力を復権しようと、保元の乱の際に流罪になり、幽閉《ゆうへい》されたままの崇徳天皇の神霊《しんれい》を慰霊し、御霊を京都に還都《かんと》しようとしますが、夢半ばに崩御します。次代の明治天皇がそれを継ぎ、王政復古や明治維新という形で、天皇の権威を復活させました。

七〇〇年もの間、恐れられ続けた天皇が改元する力を失ったきっかけとなった「保元」とは、どのような年間だったのでしょうか。

力を強めた天皇

まずは、保元の乱に至るまでの平安時代の情勢をみていきます。

平安時代初期、一条《いちじょう》天皇から後冷泉《ごれいぜい》天皇に至るまでの五代の天皇の御代《みよ》に、政治の力をつけたのが藤原摂関《せっかん》家でした。藤原家から皇后を送り、外戚《がいせき》（母方の親戚）として、天皇の義父として藤原家が朝廷に仕えて政治権力を握ることに成功していました。

中でも肥大な財力を持った藤原家が台頭します。藤原道長《みちなが》は、長期間、強大な権力を握りました。

貴族が土地を持つようになり、その土地を守るために武芸を磨いた「武士」が登場します。武士は家を持ち、武家が生まれます。

その後二〇〇年ほど、藤原家から常に皇后を出すようになり、藤原家による摂関政治が続きます。

しかし、後冷泉天皇の後に天皇に即位した後三条《ごさんじょう》天皇は、藤原家とは外戚関係にないところから皇后をもらい、藤原家を政治の場から排除しようとします。

そればかりか、荘園《しょうえん》を整理して、藤原家の財政を弱体化させました。

さらに、後三条天皇は、息子の貞仁《さだひと》親王（白河《しらかわ》天皇）に譲位し、その次の天皇には、皇太弟《こうたいてい》の輔仁《すけひと》親王を指名します。輔仁親王の母は、公家出身ではない武家出身の源基子《みなもとのきし》でした。

藤原家を排除すると同時に、白河天皇の血筋は排除する目論見だったため、白河天皇は、これに反発します。

まず、白河天皇は、藤原家から皇后を受け入れます。そして、上皇となっていた後三条天皇が崩御したのちに譲位します。譲位した相手は、父が希望していた皇太弟ではなく、藤原賢子《けんし》との間にもうけた八歳の息子でした。これにより、堀河《ほりかわ》天皇が誕生します。

そして、白河天皇は上皇として実権を手中に収めます。弱体化した藤原家には政治を取り仕切る力はありませんでした。

平安時代後期に白河天皇が始めた院政《いんせい》によって、朝廷の力が強まり武家は失落します。

白河上皇によって、藤原家による摂関政治を崩壊させ、院政を始めます。

院政とは、天皇の父が政治を担う制度のことで、元天皇という立場で政治の実権を握ります。しかし、位を譲った相手が自分の息子でなければ、院政として政治を取り仕切ることができません。

院政は父が子を天皇に指名することで初めて実権を握ることができるものです。

譲位した天皇は、上皇となります。

現在、即位している天皇のことを、「今上天皇《きんじょう》」といい、譲位した元天皇のことを、「太上天皇《だいじょう》」といいます。太上天皇を略して、上皇と言います。

白河上皇によって朝廷の権威が強まったその象徴として『万葉集』を挙げることができます。巻物しかなかった『万葉集』が冊子本になりました。歌合《うたあわせ》が盛んに催《もよお》されるようになると、歌の題材をすぐに見つけられる冊子本は画期的なものでした。

『万葉集』の研究も進み、歌ことばや歌枕の表現が豊かになります。

堀河天皇は、源俊頼《としより》、藤原公実《きんざね》ら当時の歌人が詠んだ百首歌を収めた『堀河百首《ほりかわひゃくしゅ》』を編纂《へんさん》し、朝廷での新しい歌の文化基盤を確立しました。

上皇となった白河上皇は、さらに、出家をして法皇《ほうおう》の位につきます。院政をさらに発展させて、天皇、上皇、法皇と天皇の中でも位を設けました。

こうして法皇は院政をしきる上皇さえも手中に収めます。白河法皇として君臨した力は絶大で、白河法皇の思いのままにならないものは、「加茂川《かもがわ》の水と双六《すごろく》のサイコロと延《えん》暦寺《りゃくじ》の法師《ほうし》」の三つだけといわれるほど、世の中を自由に操るようになります。

そして堀河天皇を退位させ、新たに鳥羽《とば》天皇を即位させることにより、朝廷内でも血筋の正統を確たるものにしていきました。

さらに、鳥羽天皇までも退位させ、寵愛《ちょうあい》するわずか四歳の息子を即位させます。

ここに崇徳《すとく》天皇が誕生します。

院政は朝廷に権力を取り戻すことに成功できた制度でしたが、この制度が仇となって、のちに起こる保元の乱を招き、上皇や天皇どころか、実権のすべてを武家に握られてしまう事態になります。

不倫ではじまる保元の乱

崇徳天皇が即位したのは、保安《ほうあん》四年（一一二三）です。

世の中を手中に収めていた白河法皇が、特に寵愛していたのが崇徳天皇でした。その理由は、崇徳天皇の父親は鳥羽上皇ではなく、白河法皇だったからです。鳥羽上皇の皇后の待賢門院《たいけんもんいん》と白河法皇の間に生まれた子が崇徳天皇だったからというのです。

妻が祖父と不倫してできた子だったと公然とささやかれるようになりました。

父が息子の妻と関係を持つあるまじき行為は『古事談《こじだん》』などの史料に綴られていて、不倫があったのは、おそらく事実だったのでしょう。

そのため、鳥羽上皇は、系図上は愛すべき我が子である崇徳天皇ですが、身に覚えのない息子を、叔父の子という意味で、叔父子《おじこ》と呼んで忌《い》み嫌いました。本来親子である二人の間には軋轢《あつれき》が生まれます。

上皇と天皇の間に亀裂《きれつ》が入っていましたが、それでも、白河法皇の絶大な権力をもとに、朝廷はまとまっていました。

ところが、崇徳天皇即位の六年後に、白河法皇が崩御します。享年《きょうねん》七七歳でした。白河法皇が残した亀裂は、崩御後に大きな割れ目となり、朝廷や公家の間でも、歯車が噛《か》み合わなくなっていきます。

白河法皇なき今、その権力を手中に収めたのは鳥羽上皇でした。すぐさま、崇徳天皇を退位させ、わずか二歳の我が子を近衛《このえ》天皇として即位させます。崇徳天皇は上皇になり（以下この小章では、崇徳上皇）、政治への権限が与えられませんでした。代わって、鳥羽上皇が法皇になります。

これにより、将来生まれてくるであろう近衛天皇の息子の即位が確約され、崇徳上皇の系統の皇位継承が排除される流れになりました。

ところが、近衛天皇は病弱だったため、一七歳で崩御してしまいます。近衛天皇に息子がいれば、その息子が即位するはずでしたが、若くしてなくなったため後継がいませんでした。

崇徳上皇の血統は、一度は皇位継承から外れていましたが、近衛天皇なき今、皇位継承順位一位として存在していたのは、崇徳上皇の息子の重仁《しげひと》親王でした。再び継承の機会が訪れ、重仁親王が天皇になり、崇徳上皇によって院政が執り行われることが決定的になりました。

ところが、鳥羽法皇による譲位の宣命《せんみょう》に書かれた名前は、皇位継承順位一位の重仁親王ではなく、二位の皇太弟の雅仁《まさひと》親王でした。この結果には、みな驚きました。またしても崇徳上皇は、権力の場から意図的に排除されたのです。

これには、左大臣・藤原頼長《よりなが》が起こした近衛天皇への呪詛《じゅそ》に、若くして退位を迫られた崇徳上皇が加わったという、噂が流れていたからです。そのため、鳥羽法皇は、近衛天皇を呪詛したとされる崇徳上皇統の重仁親王を天皇と認めず、崇徳上皇の弟を後白河天皇として即位させたというのです。

元号は、後白河天皇の即位に伴う代始の改元として「保元」に改めます。

崇徳上皇は、いくら上皇といえども、弟が天皇であれば、院政として指揮できないため、後白河天皇の即位を拒絶《きょぜつ》します。

朝廷内では、崇徳上皇の息子である重仁親王と、後白河天皇のどちらを天皇として認めるかの内紛が起こります。

大きな失望を受けた崇徳上皇は、主権奪還をしようとして、新天皇と元天皇の戦いが始まります。これは、朝廷を下支えする摂関家の内紛にも発展します。

また、保元元年（一一五六）に、冬至の日をめぐって改暦するかどうか、暦博士と算博《さんはか》士《せ》による博士同士の議論が白熱し、公家《くげ》や朝廷を巻き込む事態になっていました。

こうして、保元の乱が始まります。

皇位継承に争いが起こってはいたものの、崇徳上皇は、重病を患っていた鳥羽法皇の見舞いに訪れるなど心優しい上皇でしたが、面会を拒絶され憤慨《ふんがい》します。その後、間もなく、鳥羽法皇が病により崩御します。

待賢門院率いる崇徳上皇派と美福門院《びふくもんいん》率いる後白河天皇派に二分されます。

崇徳上皇派についたのは、公家方では、気性は荒いが聡明だったため悪左府《あくさふ》の異名をもった藤原頼長《よりなが》でした。当時、兄・藤原忠通《ただみち》が最高位の関白《かんぱく》について政治を先導していました。兄から関白の座を奪い取ろうと、崇徳上皇と手を組みます。武家では、源為義《ためよし》、源為朝《ためとも》、平忠正《たいらのただまさ》が味方につきました。

それに対し、後白河天皇派についたのは、公家では関白の藤原忠通です。武家では、源義朝《よしとも》と平清盛《きよもり》でした。

そしてついに、合戦が起こります。鳥羽法皇の崩御後九日目のことでした。

崇徳上皇派は鴨川を挟んで東側の白河殿《しらかわどの》で挙兵し、夜襲《やしゅう》をかけようとしますが、逆に夜襲をかけられてしまい、あっけなくも一夜にして、朝廷、公家、武家を巻き込んだ大混乱の保元の乱は終わってしまいます。

不思議なことに、この国家を左右する内乱での首領級の死者は、藤原頼長が流れ矢に当たって重症を負い、三日後に力尽きて亡くなったくらいで、他に戦死者や負傷者はいませんでした。敗れた崇徳天皇派は、全員が御所から逃亡し、その後、捕らえられます。

戦いに勝つために、天皇は公家を頼り、公家は武家の力を借りました。天皇の実権と、それを補佐する公家の力は、次第に弱まります。政界の停滞を招き、三つの大臣役職のうち、右大臣と左大臣は空位になり、内大臣だけという状況に陥ってしまいました。

そこで、武家の存在感が増していきます。のちの七〇〇年続く武家社会の礎になります。

平安時代、白河天皇が院政を強めたことによって、朝廷内での権力闘争が起こり、くしくも、その内紛によって、朝廷は実権を失ってしまいます。

■保元の乱の対立

新天皇		vs.		元天皇
後白河天皇	弟		兄	崇徳上皇
美福門院		朝廷		待賢門院
信西				藤原教長
藤原忠通	兄	摂関家	弟	藤原頼長
平清盛	甥	平氏	叔父	平忠正
平氏一門				
源義朝	子		父	源為義
	兄	源氏	弟	源為朝
				源氏一門

ついに武家出身の天皇が誕生

保元の乱の乱とは、朝廷の権能に変革をもたらそうとする内乱のようなものです。それに対して、変とは、政治の変革をしようとするものを意味します。

朝廷内の争いから、公家や武家は、一族間、家族間で、どちら方につくか意見が分かれ、藤原摂関家は兄弟、源氏や平氏は親子兄弟が敵味方に分かれる無残な骨肉《こつにく》の争いに発展しました。その結果、夫婦ですら勝者と敗者に分かれることもあり、家族の関係を引き裂く戦いでした。

はじまりは、新天皇と元天皇による皇位後継者をめぐる権力闘争でしたが、終わってみると、皇位継承どころか、朝廷から武家に権力が移ってしまっていました。

保元の乱で敗者は処刑され、勝者となった側が京都で実権を握ります。

ところが、戦乱はそれでは終わりません。昨日の友は今日の敵でした。三年後に勝者側がさらに分裂する「平治の乱（平治元年・一一五九）」が始まります。

力をつけ始めた平氏の後ろ盾《だて》が欲しかった後白河法皇は、わずか一〇歳の孫の高倉《たかくら》天皇に、平清盛の一七歳の娘の平徳子《とくこ》を嫁がせる戦略結婚をさせます。

平清盛によって、武家が政権を握ることになります。平治の乱で徐々に頭角を現し始め、後白河上皇を助けたことで、平清盛は一気に出世しました。

保元の乱、平治の乱と連勝した平清盛は、永暦《えいりゃく》元年（一一六〇）、参議に任命され、武家では初めて公卿《くぎょう》の地位につきます。これにより平氏一門による武家政権の基礎ができます。

また、平安時代初期には、藤原摂関家から皇后を出していましたが、武家の生まれだった平徳子が皇后として嫁ぎます。

ついに天下をとることになった平清盛は、高倉天皇を譲位させ、自らの孫である安徳《あんとく》天皇を即位させます。わずか二歳でした。ここに平氏の血を引く天皇が誕生します。

こうして、武家出身の天皇が誕生します。表向きは上皇となった高倉天皇が院政を行いましたが、実際は、平清盛による影の院政で、徐々に武士が権力を握る武家社会になっていきます。

後白河法皇は利用していた平氏に裏切られ、幽閉されてしまい、政治の場から離れるように迫られます。ここに朝廷政治の最盛期となった院政の時代は終了します。

朝廷の力が強くなったことで始まった新天皇と元天皇の戦いが、いつの間にか、天皇の実権を失わせていました。

そこで平氏に反旗《はんき》を翻《ひるがえ》したのが源頼朝でした。天下を取っていた平氏を、「屋島《やしま》の戦い（元暦《げんりゃく》二年・一一八五）」で打ち破り、そのまま壇之浦《だんのうら》まで追い詰めます。

ついに観念した平氏は、幼い安徳天皇を道連れに、母・平徳子が入水《じゅすい》します。その時に、天皇の証である三種《さんしゅ》の神器《しんき》も持って入水したので、天皇、三種の神器ともども海に沈んでしまいます。

後になって、三種の神器のうち勾玉《まがたま》と鏡《かがみ》は発見されましたが、剣《つるぎ》は見つからないままでした。

失ったのは剣ということが、大変不気味でした。『古事記』の神話の物語によると、伊邪那岐神は剣で、怨霊を断ち切って成敗しています。剣には、怨霊を切り裂く力が宿っているのです。また、天皇の政治権力の証でもありました。

そこで代わりに熱田《あつた》神宮にあった剣を正式なものとしましたが、最初の三種の神器の剣は、海に沈んだままです。

これにより、平安末期に、平清盛によって最盛期を迎えていた平氏は滅びます。代わって、源頼朝を中心に武家が力をつけるのですが、かつて保元の乱で、平清盛の仲間として切磋琢磨《せっさたくま》して戦った源頼朝によって平氏が滅ぼされることになろうとは、当時は誰も想像しなかったはずです。

これら一連の戦いは、源平合戦《げんぺいがっせん》として語られますが、一概に源氏と平氏が戦ったとはいえません。源氏方についた北条時政《ほうじょうときまさ》は平氏の生まれであり、平氏方についた新田義重《にったよししげ》は源氏の武将でした。平氏が滅びることになった「壇ノ浦の戦い（元暦二年・一一八五）」の直後には、兄・源頼朝が、弟・源義経《よしつね》を討つなど、源氏でも兄弟同士で討ち合っています。平氏を滅ぼした源頼朝は、鎌倉に幕府を開き、征夷大将軍《せいいたいしょうぐん》として政治を取り仕切ります。

ここに四〇〇年続いた華やかだった平安時代は幕を閉じます。

武家を利用した朝廷が、今度は武家に利用される時代になっていきます。

天皇の権威は、国家元首として初代以来、現在に至るまで変わりませんが、平安時代に比べると、鎌倉時代以降は、天皇の政治力が大きく失われていたことは否めません。

また、従来は天皇がいる京都で、政治と祭祀を行っていましたが、政治を行う場が鎌倉に移り、政治と祭祀が別のところになりました。

天皇の特権だった改元も、武家の都合で改元することもあるなど、ますます武家の力が肥大していきます。

保元の乱は、天皇の政治権能を大きく失落させるきっかけをつくった乱でした。

重宝する干支

平氏と源氏の戦いにより、安徳天皇が壇ノ浦にまで逃げてしまったので、京都では、三種の神器の継承なしに、皇位は高倉天皇の息子・尊成《かたひら》親王を後鳥羽《ごとば》天皇として即位させました。安徳天皇とは異母兄弟ですが、平氏とは血の繋がっていない天皇です。

源頼朝が鎌倉に幕府を成立させたことにより、平安時代は終わりを告げ、鎌倉時代に突入しましたが、一件落着《いっけんらくちゃく》どころか兵乱は加速して、元号が乱立する時代になります。

保元の乱以降は、「承久《じょうきゅう》の乱（承久三年・一二二一）」、「宝治合戦《ほうじかっせん》（宝治元年・一二四七）、二度の「元寇《げんこう》（文永《ぶんえい》一一年・一二七四）、（弘安《こうあん》四年・一二八一）」などが起こります。元寇は蒙古襲来《もうこしゅうらい》とも言います。一五〇年しかなかった鎌倉時代ですが、国内紛争や外国との戦争が続きました。

元号については、鎌倉時代、平均して三年に一度も改元されています。「大化」から「令和」に至るまでの一四〇〇年で、平均して六年に一度の改元ですから、どの時代よりも改元の多い時代でした。

この元号乱立について、藤原定家《ていか》は「年号を毎日のように改めたところで、乱れた政治を改めなければ、何のためにもならん」と痛烈に批判し、公卿の広橋頼資《ひろはしよりすけ》は「改元は年中行事のようだ」と、多すぎる改元を嘆《なげ》いています。

当時、改元したことを知らせるために、東国へはおよそ一か月、九州全域にはおよそ二か月かかったと言われています。

徒歩か手こぎの船くらいしか移動手段がなかった時代です。二か月や三か月、五か月しか使われなかった短期間の元号が頻出していましたから、関所通過にも混乱があったようです。

かつては、同じ京都で改元手続きが進められてきましたが、改元を進言した幕府と、元号を交付する天皇の御所が、距離的にもかけ離れていて、鎌倉から京都までの情報が届けられるまでに数日かかりました。

変わりすぎる元号に対して、世間では、年次を表すものに干支《かんし》を使うようになります。

「干支」はエトと読んで、ね、うし、とら……と続く一二の動物を指すものとして、誤用が浸透していますが、本来はカンシと読んで六〇の周期を表します。

十二支《じゅうにし》は、一二の動物のことを言います。干支は、一二の動物に一〇の数え方の十干《じっかん》を組み合わせたものです。

【十干（一〇種類）】

甲《こう》・乙《おつ》・丙《へい》・丁《てい》・戊《ぼ》・己《き》・庚《こう》・辛《しん》・壬《じん》・癸《き》

【十二支（一二種類）】

子《ね》・丑《うし》・寅《とら》・卯《う》・辰《たつ》・巳《み》・午《うま》・未《ひつじ》・申《さる》・酉《とり》・戌《いぬ》・亥《い》

これらを組み合わせた六〇のものを干支と呼びます。

一二と一〇を掛け合わせた一二〇ではなく、六〇となるのは、組み合わせが理由です。例えば、「甲子」と「子甲」は同じものとみなしているからです。

こうして干支を年に当てはめると六〇年となり、年の運勢や予兆を占うのにも用いられます。方位や時刻にも干支を使って表現できる便利なものでした。

過去には、この干支に基づく予言により、悪い兆しがあると、それを改元によって避けようとする「革年改元」というものもありました。これは、中国由来の予言思想である讖緯説《しんいせつ》に基づき、大きな変動が起こると予想される「辛酉《しんゆう》」「甲子《かっし》」の年に前もって改元していくというものです。これは六〇年ごとに訪れます。

「辛酉」は王朝が滅亡や交代する革命年、「甲子」は政治的な変革が起こる革令年《かくれいねん》とされました。

辛酉年、甲子年の改元の最初は「延喜《えんぎ》」でした。その他、過去の辛酉年による改元では「応和《おうわ》」「治安《じあん》」などの元号があり、甲子年による改元では、「康保《こうほう》」「天養《てんよう》」などの元号があります。

ちなみに、初代天皇である神武天皇が即位した年が辛酉年で、皇紀はこの年を元年として算出しています。

また、「六曜《ろくよう》」という、大安《たいあん》や仏滅《ぶつめつ》を記したものがありますが、暦の中に暦注《れきちゅう》として表されるものなので、こちらは改元には影響しません。

次の辛酉は令和二三年（二〇四一）、甲子は令和二六年（二〇四四）です。

その他の干支の使用例として、中華帝国では、西暦一九一一年の辛亥の年に、清が中華民国を倒した辛亥革命があります。日本では、明治元年（一八六八）の戊辰の年に、戊辰戦争が起きていて、これらの名称にも使われています。

鎌倉時代には、改元頻出のあまり批判や嘆きの声が聞こえ、干支が重宝されましたが、それでも愛されて、存続していくのが元号の凄《すご》みです。

■今後の辛酉年と甲子年

甲子 令和 26 年	乙丑	丙寅	丁卯	戊辰	己巳	庚午	辛未	壬申	癸酉
甲戌	乙亥	丙子	丁丑	戊寅	己卯	庚辰	辛巳	壬午	癸未
甲申	乙酉	丙戌	丁亥	戊子	己丑	庚寅	辛卯	壬辰	癸巳
甲午	乙未	丙申	丁酉	戊戌	己亥 平成 31 年 令和元年	庚子	辛丑	壬寅	癸卯
甲辰	乙巳	丙午	丁未	戊申	己酉	庚戌	辛亥	壬子	癸丑
甲寅	乙卯	丙辰	丁巳	戊午	己未	庚申	辛酉 令和 23 年	壬戌	癸亥

■改元と天皇系図【初代天皇～飛鳥～平安時代】

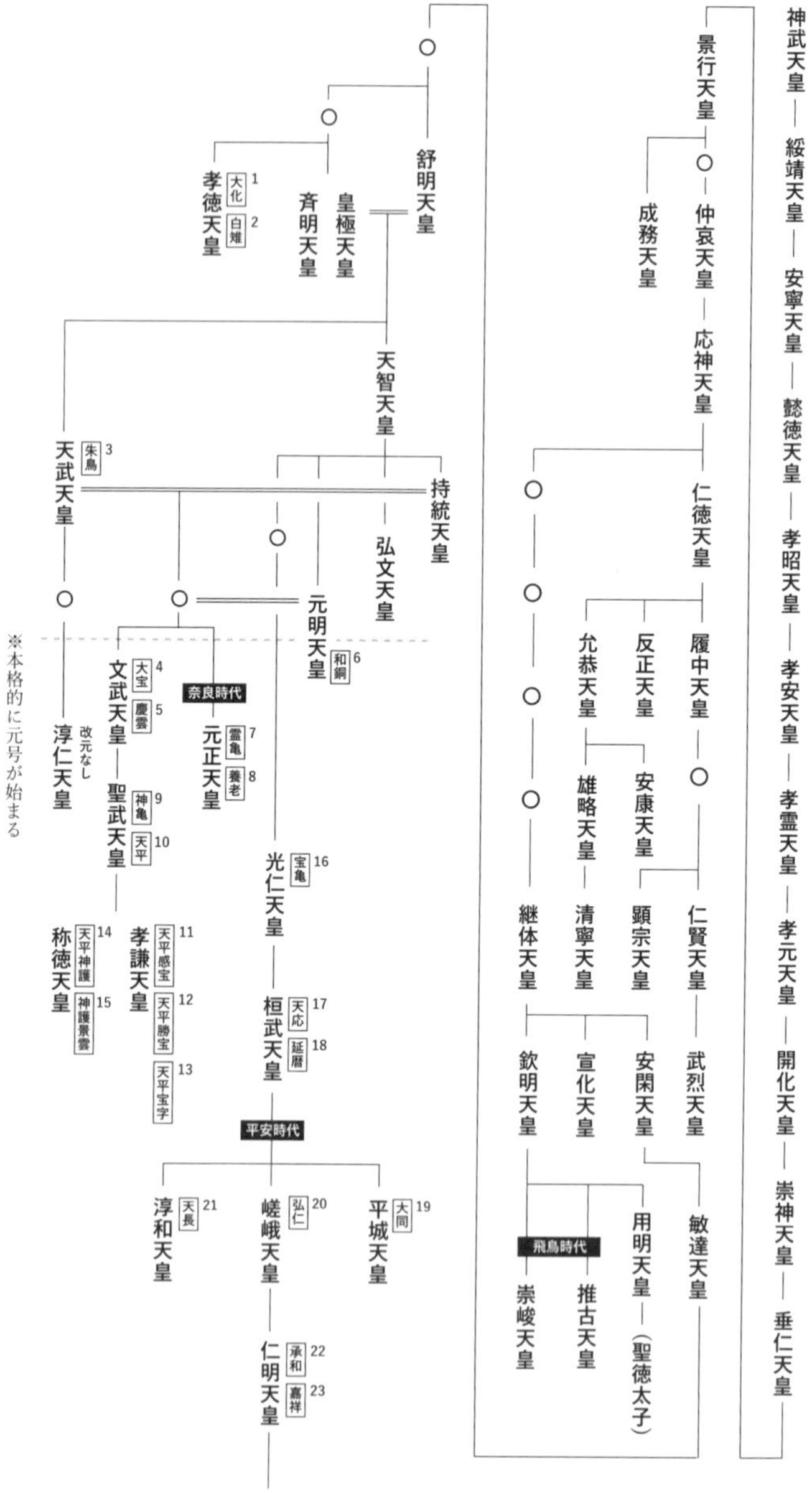

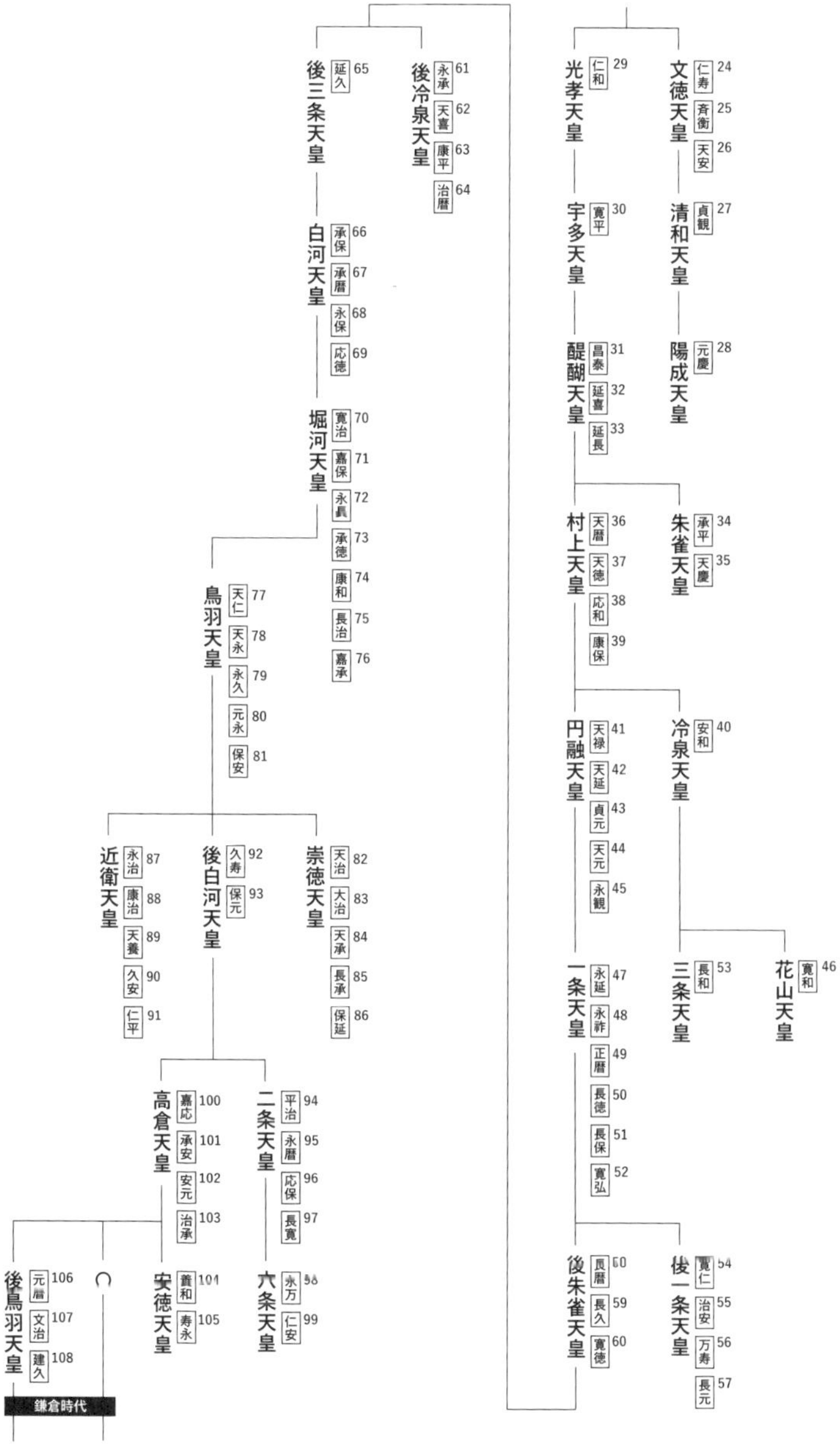
文徳天皇 仁寿 24 斉衡 25 天安 26
清和天皇 貞観 27
陽成天皇 元慶 28
光孝天皇 仁和 29
宇多天皇 寛平 30
醍醐天皇 昌泰 31 延喜 32 延長 33
朱雀天皇 承平 34 天慶 35
村上天皇 天暦 36 天徳 37 応和 38 康保 39
冷泉天皇 安和 40
円融天皇 天禄 41 天延 42 貞元 43 天元 44 永観 45
花山天皇 寛和 46
三条天皇 長和 53
一条天皇 永延 47 永祚 48 正暦 49 長徳 50 長保 51 寛弘 52
後一条天皇 寛仁 54 治安 55 万寿 56 長元 57
後朱雀天皇 長暦 58 長久 59 寛徳 60
後冷泉天皇 永承 61 天喜 62 康平 63 治暦 64
後三条天皇 延久 65
白河天皇 承保 66 承暦 67 永保 68 応徳 69
堀河天皇 寛治 70 嘉保 71 永長 72 承徳 73 康和 74 長治 75 嘉承 76
鳥羽天皇 天仁 77 天永 78 永久 79 元永 80 保安 81
崇徳天皇 天治 82 大治 83 天承 84 長承 85 保延 86
後白河天皇 久寿 92 保元 93
近衛天皇 永治 87 康治 88 天養 89 久安 90 仁平 91
二条天皇 平治 94 永暦 95 応保 96 長寛 97
六条天皇 永万 98 仁安 99
高倉天皇 嘉応 100 承安 101 安元 102 治承 103
安徳天皇 養和 104 寿永 105
後鳥羽天皇 元暦 106 文治 107 建久 108
鎌倉時代

第二章

呪われた元号

呪いを伴う憤死

保元の乱は、新天皇と元天皇の戦いでした。新天皇が勝利する結果となり、これにて国を二分する大乱は終結します。

勝者たる後白河天皇は二条天皇に譲位し、院政を開始します。

敗北した崇徳天皇派には、罪刑が下されます。源為義と平忠正は斬首され、藤原頼長は逃亡中に死去しました。待賢門院珠子は都を追われます。

崇徳天皇は、仁和寺に逃れますが捕らえられて、讃岐国へ流罪になります。武士数十人に囲まれて、船に乗せられ見知らぬ土地への配流でした。通例なら、京都のどこかにしばらく幽閉される程度ですが、どう見てもやりすぎです。天皇をつとめた人が受けるような刑ではありません。

崇徳天皇は、京都にいる時は、新院と呼ばれますが、讃岐国に配流されてからは、讃《さぬ》岐院《きいん》と呼ばれます。田舎者と呼ぶような、敗者への侮辱《ぶじょく》の称でもありました。

天皇が配流されるのは、淳仁《じゅんにん》天皇以来、四〇〇年ぶりの異例事態でした。

淳仁天皇は、「藤原仲麻呂《なかまろ》の乱（天平宝字八年・七六四）」により淡路《あわじ》に配流されて天皇号すら剥奪《はくだつ》されていましたが、崇徳天皇はそこまでにはならずとも、それに匹敵する罪刑でした。

しかし、戦死者の供養《くよう》と反省の証として、都を想い『法華経《ほけきょう》』『華厳経《けごんぎょう》』『涅槃経《ねはんぎょう》』『大集経《だいじゅきょう》』『大品般若経《だいぼんはんにゃきょう》』の五つの経典からなる五部大乗経《ごぶだいじょうきょう》を筆写します。総数は一九〇巻にもなり、それを一字一字丁寧に三年かけて写経します。

それを息子のいる仁和寺《にんなじ》に納経させてほしいと都へ送りましたが、信西《しんぜい》が「この写経には呪いがかけられている」と受け取りに反対し、後白河天皇はそのまま送り返しました。

写経がそのまま送り返されてきた崇徳天皇は、悲憤のあまり舌を噛《か》みちぎり、その生き血で写経に「大魔縁《だいまえん》となって、皇を下民に落として、下民を皇にしてやる」と天下滅亡の呪《のろ》いをかけます。魔王となって国を滅ぼしてやるというのです。

さらに、「この写経は魔道に差し向けてやる」と叫び、憤死します。髪や爪をのばし続け、その姿は生きながらにして天狗《てんぐ》のようだったと伝えられています。

すると、空には黒雲とともに雷が落ち、雲から数万の天狗が現れ、海は激流となり、炎に包まれたと伝わります。こうして怨霊が発動します。

一方の朝廷は、崇徳天皇が崩御した後も、喪《も》に服すことも葬儀《そうぎ》を行うこともなく、地方官によって葬礼《そうれい》が行われただけの冷淡な対応でした。争いがあったとはいえ、崩御した元天皇にする態度ではありませんでした。

崇徳天皇が崩御したのは、長寛《ちょうかん》二年（一一六四）のことでした。不思議なことに、それ以降、京都では次々と疫病や天災など災難が絶えません。この不穏な凶事を断ち切ろうと改元をしますが、一向におさまりません。

呪いの言葉が、現実のものとなっていました。天皇は実権を失い、武家出身の天皇が即位し、平清盛が世を操《あやつ》ります。京都では疫病や不審死など不吉なことが次々と起こり、崇徳天皇と敵対した後白河天皇の近親者が次々と、不審な死をとげます。

源氏で唯一、崇徳天皇に弓を引いた源義朝は、家臣《かしん》に裏切られて殺されます。写経を送り返した信西は河原に首をさらされ、藤原忠通は精神的に追い込まれて命を落とします。二条天皇は、譲位後わずか三〇日で崩御となります。

いつしかこの災難はきっと崇徳天皇の怨霊の仕業だという噂が広まります。

そうして京都では、崇徳天皇は怨霊として恐れられるようになります。朝廷でも怨霊の存在を意識するようになり、讃岐院と呼ぶのをやめて崇徳院《すとくいん》の称号を贈ります。

また、徳の字の美称を贈ることにより、天下を平穏な世となるように祈念し怨霊を鎮めようとしました。崇徳天皇廟《びょう》を設けて、怨霊を鎮めようとします。このことから朝廷が必死だったことがわかります。

崇徳天皇が崩御して以降の改元理由を見てみると、怪異《かいい》現象の異様な多さが際立《きわだ》っています。

「永万《えいまん》」（一一六五）、天変・怪異・病による改元。
「仁安《にんあん》」（一一六六）、代始で改元するも改元翌年、六条上皇《ろくじょう》が赤痢《せきり》で崩御。
「嘉応《かおう》」（一一六九）、天皇即位による改元。武家出身の皇后が誕生。
「承安《しょうあん》」（一一七一）、天変と天皇の病気で改元。
「安元《あんげん》」（一一七五）、疱瘡と災異で改元。
「治承《じしょう》」（一一七七）、朝廷の正殿が焼失し、死者一〇〇〇人の大火災で改元。
「養和《ようわ》」（一一八一）、天皇即位により改元するも、旱魃《かんばつ》による大飢饉発生。
「寿永《じゅえい》」（一一八二）、飢饉・兵革・病事・厄年による改元。
「元暦《げんりゃく》」（一一八四）、天皇即位による改元。大戦乱で即位式は行われず。
「文治《ぶんじ》」（一一八五）、巨大地震による改元。

なんと二〇年で一〇回もの改元が行われています。

改元の理由は、ひとつではなく、飢饉、旱魃、大地震、疱瘡、怪異といった不吉なことが立て続けに起こっての改元です。

天皇即位による代始の改元がありますが、改元後すぐに、大飢饉が起こり、即位礼も出来ないほどの大乱になり、何度も改元で乗り越えようとしますが、改元の効力は全くありませんでした。

最初の改元以来、朝廷が改元を主導して行っていましたが、「養和」は平氏が主導して行いました。平氏は、このめでたいことを祝い、改元することで「和を養う」希望を込めて時代をつくっていこうとしました。

ところが「養和」は、悲惨《ひさん》な年間でした。崇徳天皇の最大の敵となった平清盛が突然の熱病で死去します。平清盛の孫、安徳天皇即位による祝賀の改元でしたが、平清盛は改元に立ち会えず、六四歳でその生涯を終えます。

平時忠《ときただ》が「平氏にあらずんば人にあらず」と豪語するほど、これから平氏最盛期を迎えようとする頃でした。

ところが、改元直後に、平安時代最大の大飢饉が発生します。

春夏は日照り、秋には大風、洪水など凶事《きょうじ》が続き、五穀がことごとく実らない事態が二年も続きました。京都だけでも死者が四万人を超え、死体が溢れている状態だったという悲惨な状況が『方丈記《ほうじょうき》』には綴《つづ》られています。

結局、「養和」は一年ももちませんでした。朝廷は改元の力を失い、変わって武家が改元の力を手に入れたのです。さらには、崇徳天皇が憤死して以降、朝廷が握っていた政治の実権も源頼朝に奪われます。

元暦二年（一一八五）、文治《ぶんじ》地震が起こり、京都を中心に多大な被害が発生し、被害は四国や山陰地方の遠国にまで及びました。これは南海トラフ巨大地震の一種と言われていて、『平家物語』では、平氏の怨霊の仕業だと伝えています。

南北朝時代に後醍醐《ごだいご》天皇が一度は実権を握りますが長くは続かず、室町時代の足利義満《あしかがよしみつ》、安土桃山時代の織田信長《おだのぶなが》、豊臣秀吉《とよとみひでよし》、そして江戸時代の徳川家と、「養和」以降、武家が実権を握り、改元の力を持ちます。

それは七〇〇年後、幕末の孝明天皇が「安政《あんせい》」に改元をするまで朝廷に改元する力は戻ってきませんでした。この恐ろしすぎる呪いは、「明治」への改元によって解かれますので後述します。

一〇〇年ごとの不吉な災い

崇徳天皇が「大魔縁となって国を滅ぼしてやる」と呪いの言葉を残し、憤死した長寛《ちょうかん》二年(一一六四)から、不吉な天変地異や疫病が連続しました。

改元で断ち切ろうとしても、呪いが解けることなく、鎌倉時代には怪奇による改元が頻出します。そして、一〇〇年ごとにやってくる式年祭(一般でいう百回忌)の年にも、次々と不穏な出来事が起こります。

多少の前後はありますが、一〇〇年ごとに不吉なことが起こります。

崇徳天皇が崩御してから一〇〇年後には、中国大陸を支配していたモンゴル帝国が、日本を次なる標的として攻めようと画策します。そして、属国となっていた朝鮮半島の高《こう》麗《らい》を使って、二度の戦争を仕掛けてくる元寇が起こります。

二〇〇年後には、朝廷が京都の北朝と、奈良の南朝に二分し、天皇が二人、元号が二つある大混乱の時代になっていました。一度は、後醍醐天皇によって統一しますが長くは続かず、三年で武家中心の時代に再び戻ります。

三〇〇年後には、「応仁《おうにん》の乱（応仁元年・一四六七）」が起こります。京都を発端として、大名同士の争いから、京都を焼き尽くすほどの大戦乱に発展し、国が西軍と東軍に二分する全国規模の大乱になります。一一年にも及びました。

四〇〇年後には、「桶狭間《おけはざま》の戦い（永禄《えいろく》三年・一五六〇）」が起こり、室町幕府が滅亡するきっかけになりました。これを機に、将軍の権威は甚大《じんだい》なものと化し、朝廷の復権は、非常に遠いものになってしまいました。

五〇〇年後には、「明暦《めいれき》の大火《たいか》（明暦三年・一六五七）」が起こります。日本史上最大の大火事が起こり、江戸の町の大半は焼失しました。死者は一〇万人にものぼると言われています。広島の原爆の死者が一四万人と推計されていますから、それに匹敵する大火事です。

六〇〇年後には、「宝暦《ほうれき》事件（宝暦八年・一七五八）」、「明和《めいわ》事件（明和四年・一七六七）」と尊王《そんのう》派が糾弾《きゅうだん》される二つの事件が起こります。

織田信長がつくった礎石で豊臣秀吉が天下を統一し、ますます武家が拡大し、徳川家によって地歩《ちほ》が固められました。朝廷が実権を取り戻すのには、困難を極めました。

七〇〇年後には、異国船が頻出します。そして、マシュー・ペリー率いるアメリカ艦《かん》隊《たい》の「黒船来航《くろふねらいこう》（嘉永《かえい》六年・一八五三）」です。

八〇〇年後の昭和三九年（一九六四）には、崇徳天皇が晩年過ごしたとされる坂出市《さかいで》にある小学校が不審火によって全焼することが起こっています。昭和天皇は勅使を白峯《しらみね》に派遣して、慰霊を行なっています。

また、八五〇年後の平成二三年（二〇一一）には、直島町の井島《いしま》（石島《いしま》）で島の九割が焼ける火災が発生します。鎮火するまで三日間、森林は燃え続き、島は炎と煙に包まれます。なお、出火の原因は未だ謎とされています。

直島に島流し

これほどまで、呪いを残して憤死し、怨霊と恐れられた崇徳天皇の人物像とその生涯をみていきたいと思います。

讃岐国に流されることになった崇徳天皇は、目を隠されて長い海の道のりをひたすら走り、讃岐国の松山に向かいます。

配流先に到着しましたが、御所の建設は進んでおらず未完成だったことから、いったん、直島に渡ります。そこで三年の時を過ごします。

西行《さいぎょう》が崇徳天皇の没後四年に松山の墓所を訪れて詠んだ歌が、鎌倉時代の『長門本平《ながとぼんへい》家物語《けものがたり》』におさめられています。

なを島の　浪にゆられて行ふねの　ゆくゑもしらすなりにける哉……

（直島の波に揺られる船の上、行方も知らされないままに進んでいく）

京都から憎まれ、行方も知らされぬまま船に乗せられ、追放された崇徳天皇でした。しかし、京都で交流のあった西行は崇徳天皇の優しさをよく知っていました。

「平成」に入ってからの直島《なおしま》は「芸術の島」として名を馳せますが、実は、長い歴史の中では圧倒的多数の人に「崇徳天皇の島」として知られています。

崇徳天皇は、直島で側室をもうけます。直島で息子の重丸《しげまる》が元服し、三宅京太夫源重行《けいだゆうげんしげゆき》と改名し、領主となります。その後も、三宅家が領主として務め、崇徳天皇神社の宮司《ぐうじ》も務めるようになります。

直島では、愛された天皇として語り継がれていきます。

一方、京都を中心に世の中では、怨霊となった天皇として語り続けられています。

初代神武天皇から数えて今上天皇まで、一二六代の天皇が即位していますが、崇徳天皇は崩御してから、もっとも影響力のある天皇のひとりだったように思います。

七〇〇年もの間、怨霊として恐れられるのですが、幕末になってはじめて、天皇による慰霊を行うことが試みられます。

明治天皇は、讃岐国に眠る崇徳天皇の慰霊を行った上で、即位礼を行い、そこから「明治」の大革命を始めます。

明治維新は、崇徳天皇の御霊を鎮めてこそ、成し遂げられるものでした。

平安時代に崇徳天皇を幽閉しました。詫びる意味で書いた写経さえ京都に入れることを拒否していましたから、現世を預かる天皇が歴代を代表して慰霊を行う意味は、大きくありました。

崇徳天皇の怨霊は、国民だけではなく、歴代の天皇が恐れていたことが、多くの史料に、歴史の史実として記録されています。

本当に怨霊があったことが事実かどうかは、判別はできませんが、怨霊を恐れた天皇や国民がいたということは歴史的にも、明瞭《めいりょう》な事実です。

愛と恨み

怨霊の起源となる怨恨《えんこん》は、どのようにして生まれるのでしょうか。

愛する人が浮気をした時、愛の感情が強烈な憎悪《ぞうお》に変わり、殺人にまで至るという話は、テレビドラマだけではなく、実世界でも聞くことがあると思います。家族間や兄弟間で激しく怒ったりできるのも、そこに愛があるからです。

保元の乱で、崇徳天皇が受けた仕打ちは、まさにそのようなものがあったのです。

ここで、崇徳天皇は、愛されるべき家族という存在から島流しという重罪を突きつけられ、大きな失望の念を抱いてしまいます。深い愛が怨霊になってしまいます。

平安時代の乱で、崇徳天皇と同じように配流された後鳥羽上皇は挙兵しますが、崇徳天皇は挙兵するどころか、不遇を受けながらも、自身が悪かったと詫《わ》び状まで送ります。しかし、それすら受け取ってもらえずに、そのまま送り返されます。

叔父子と忌み嫌われ、一方的に譲位を迫られ、不遇を受けますが、それでも家族としての朝廷に深い愛があった天皇でした。

普通は、見知らぬ人に嫌なことをされて怒ることはあっても、怒りは時が経つと忘れてしまい怨恨にはなりません。ところが、家族や愛する人に裏切られると、強い信頼関係が崩れ、深い怨恨に変わることがあります。愛する力が強ければ強いほど、それが強烈な怨みに変わります。強い愛は、強い怨恨に変わるのです。

怒っている相手が存命のうちは、相手が納得するまで詫びて、許しをもらえることはありますが、怒りが収まらぬまま憤死し、世に恨みと呪いを残した怨霊となれば、そう簡単に鎮めることはできません。

崇徳天皇と孝明天皇は、七〇〇年もの時の差があろうとも、同じ男系の血をひく家族でした。実家である京都の御所に帰ってきてもらいたいというのも、家族愛があったのかもしれません。

愛と怨恨をめぐる物語は、『古事記』『日本書紀』の中にすでに描かれています。序盤の伊邪那岐神《いざなぎのかみ》と伊邪那美神《いざなみのかみ》の物語がそれです。夫婦が恋愛し仲睦まじく、子を授かります。ところが、その愛は恐ろしい怨霊と化してしまうのです。怨霊との言葉が出てこないものの、怨霊の起源となった神の話です。

日本正史で初めての愛でしたが、初めての怨霊になります。

物語は「あなたは、なんと素敵なお方でしょう」「あなたこそ、なんと美しいお方でしょう」と純愛小説のような会話から始まります。

伊邪那岐神（夫）と伊邪那美神（妻）の夫妻は、ぐにゃぐにゃとした宇宙の中に、島を生み、国を作り、次々と神を生みます。

ところが、最後に火の神を生んだことにより、妻の身体が屍《しかばね》となり、魂は死の国である黄泉国《よみのくに》に行ってしまいます。

夫はしばらくたってから、愛する妻を迎えに黄泉国を訪れます。

妻は「今さら来ても、黄泉国の食べ物を口にしたので、もう元の世界に戻ることはできません」と言い放ち、それでも「黄泉国の神と交渉しますので、しばらく待ってください。それまでは決して中を見ないでください」と〝見るなの禁止《タブー》〟を課します。

しかし、見るなと言われた夫は見てしまいます。

覗《のぞ》き込んだその先には、蛆虫《うじむし》がわき腐乱《ふらん》した妻の屍がありました。たじろぎ恐れる夫に対し、約束を破られた妻は怒り心頭に発し、夫に襲い掛かります。

妻は怨霊となって襲い掛かりますが、夫は持っていた妖刀《ようとう》で防ぎます。

夫は大逃走の末、黄泉国と元の世界との結界《けっかい》まで辿りつき、入り口を大岩で塞ぎます。

そして、ここで離縁《りえん》を宣言します。

すると妻は「愛する夫よ、離縁するのであれば一〇〇〇人を呪い殺してやる」と言い放ち、夫は「愛する妻よ、それならば毎日一五〇〇の産屋《うぶや》を立ててやる」と告げます。妻の愛は怨霊と化しますが、その怨霊に夫は愛で対抗したのです。

仲睦まじかった夫婦でしたが、妻はなぜ、怨霊になったのでしょうか。

それは夫婦が互いに深い愛を抱いていたからです。見ず知らずの他人ならば、怨霊にもならずに無関心だったと思います。

肉体が屍になった時、真っ先に迎えに行けば、妻の生命を取り戻せたかもしれません。見るなと言われた約束を守っていれば信頼を取り戻せたかもしれません。

愛が怨霊に変わったのは、「失望」と「裏切り」によるものでした。

この話でもわかるように、怨霊になったほうは、何も悪いことをしていません。愛する夫の言動に失望し、さらに裏切られたことで、妻の深い愛は強力な怨霊に変貌しました。

愛の内側に怨念は常に存在して、条件が揃った時に奥からそれが滲《にじ》み出てくるのです。

伊邪那岐神と伊邪那美神の話は神話の話ですが、崇徳天皇の怨霊の話は実在する人物の愛と怨霊の話です。しかも、天皇の怨霊です。その力が怨霊になり、日本国に向けられているものとなれば、どれだけ恐ろしいことでしょうか。その威力は甚大《じんだい》だったでしょう。

のちの、孝明天皇は、七〇〇年もの間、この世にはびこる崇徳天皇の怨霊による呪縛を取り除こうと、慰霊《いれい》をした上で、還都してもらおうと試みます。天皇の怨霊に対し、天皇の愛の力で対抗します。

和歌の名手

崇徳天皇は、京都では怨霊と恐れられた天皇でしたが、讃岐国で伝えられる天皇像は、歌の名手として語り継がれる優しい天皇です。

平安時代中期、和歌を詠むことは天皇のひとつの権威にもなっていました。堀河天皇らによって、古典的な和歌として『万葉集』の研究が進められます。

崇徳天皇もまた、小倉百人一首《おぐらひゃくにんいっしゅ》にも選ばれるほどの腕前を持つ和歌の名手でした。歌人・西行《さいぎょう》とは和歌を通じて交流が深かったことも知られています。歳はひとつしか変わらず、信頼を寄せる仲でした。

編者としても手腕を発揮し、久安六年（一一五〇）には、『久安百首《きゅうあんひゃくしゅ》』という百首歌を完成させます。これは藤原家の公卿《くぎょう》ら一四名に詠《よ》ませた歌集で、和歌に造詣《ぞうけい》の深い天皇であると同時に、才能溢れる撰者《せんじゃ》でもありました。

そして、怨霊と恐れられた天皇像とはかけ離れた慈愛に満ちた歌を残しています。

最初に挙げる歌は、直島では崇徳天皇の代表作として語られているものです。次の歌は『万葉集』巻六に収録されている大伴旅人の妹の一首で、兄の左遷が解かれて、共に京都へ帰る瀬戸内の海路で歌ったものです。

「松山や　松のうら風　吹きこして　しのびて拾う　恋わすれ貝」

（松山の見える浜辺、海風流れるこの場所で恋を忘れることのできる貝を拾ったよ）

「我が背子に　恋ふれば苦し　暇あらば　拾いて行かむ　恋忘れ貝」

（あの方に心惹かれるのは苦しい。旅の暇があったら浜で拾っていこう、恋を忘れることのできる貝を）

また、夢の中で恋をしたり、美しいものに出会ったりするのも『万葉集』の特徴です。次に紹介する歌は、先が崇徳天皇の歌、後が『万葉集』巻一一の歌です。

「朝夕に　花待つころは　思ひ寝の　夢のうちにぞ　咲きはじめける」

（桜が咲くのを毎日楽しみにしていると、夢の中で先に咲き始めたよ）

「相思はず　君はあるらし　ぬばたまの　夢にも見えず　うけひて寝れど」

（あなたは私のことを想っていないのですね。夢で願っているのに）

このように、『万葉集』の歌は崇徳天皇の時代から四〇〇年も前のものですが、影響がみられます。

弟の後白河天皇は、民衆に親しまれた『梁塵秘抄《りょうじんひしょう》』に代表される今様《いまよう》を好んでいましたが、崇徳天皇は、『万葉集』のような古典的な和歌を好んでいたようです。

崇徳天皇は、怨霊として恐れられた天皇でしたので、その印象が強いですが、和歌には色男の印象があり、怨霊の姿が想像できません。そこにあるのは、慈愛に満ちた天皇の姿です。

恋を忘れる貝を拾ったり、夢の中で花を咲かせたりと、人を愛し、愛された天皇でした。万人を愛した人が、世に恨みを残し、万人を呪うというのは、恐ろしさの極《きわ》みでした。

他方、京都では、崇徳天皇の怒りや怨念を表す歌や文学が現れます。

その際たるものは鎌倉時代の『保元物語』ですが、他にも江戸時代には『椿説弓張月《ちんせつゆみはりづき》』『雨月《うげつ》物語』などにたびたび登場しました。歌川国芳《うたがわくによし》の浮世絵にも描かれています。

京都で語られる崇徳天皇の人物像は、怨霊と恐れられ、忌み嫌われる存在でしたが、配流された先の直島では、清純で心優しい天皇として愛されます。直島町のマスコットキャラクターになっている「すなお君」も元を辿れば、崇徳天皇が、直島の人の心が実直だと讃えたことにあります。

生前は和歌の名手として、京都でも愛されていました。その深い愛は、まったく逆の深い怨霊として、愛と同じ強さで語り継がれていくのです。

直島で伝わる話では、怨霊を見いだすことは難しいほど、愛された天皇です。崇徳天皇を愛おしく追いかけてきた上臈《じょうろう》（女官《にょかん》）や納言、歌人などがたくさんいました。崇徳天皇という人物像に怒りや怨霊が垣間《かいま》見えつつも、歌には奥ゆかしい恋や愛おしさなどが込められた哀愁《あいしゅう》が漂《ただよ》う詩が多いです。

天皇を追い出した京都と、天皇が流されてきた讃岐国では、正反対の天皇像として語られていくのです。

怨霊が実際にあったかどうかは不確かですが、怨霊と信じて恐れた人々がいることは確かであり、その一方で怨霊ではなく慈愛に満ち溢れる優しい天皇だったことを証言する人もいることもまた確かなことです。

最愛の妻と過ごした直島

崇徳天皇の最愛の妻・兵衛佐局《ひょうえのすけのつぼね》は、天皇の側を離れず、没するまでの間、共に過ごし、その最期を見届けます。

最初、崇徳天皇は、関白の藤原忠通《ただみち》の娘・藤原聖子《きよこ》を正妻に迎え入れていましたが、子どもを授かることはありませんでした。

二人は、鳥羽上皇と藤原得子《なりこ》との間に生まれた体仁《なりひと》親王（後の近衛《このえ》天皇）を養子に迎え入れます。藤原聖子は養育に熱心でしたが、崇徳天皇の寵愛は、女房として内裏《だいり》にお仕えしていた兵衛佐局に変わっていきます。

兵衛佐局は、官職《かんしょく》についていた父・右兵衛権佐《うひょうえのごんのすけ》に因《ちな》んだ敬称です。局《つぼね》とは、平安時代に、皇族にお仕えした女官の敬称であって、お局様《きょくさま》とも呼ばれていました。

兵衛佐局は、崇徳天皇との間に重仁親王を授かります。この時に、藤原忠通は不快感を抱いたとされます。

永治《えいじ》元年（一一四一）に、崇徳天皇は鳥羽上皇に命じられて、天皇の座をわずか二歳の体仁親王に譲り、近衛天皇が即位します。

まだ幼かった近衛天皇の養育のために藤原聖子は内裏に残り、上皇となった崇徳天皇は兵衛佐局を連れて御所を離れます。

この頃から兵衛佐局が事実上の正妻として見なされるようになります。

近衛天皇が一七歳という若さで崩御したため、次の天皇には重仁親王が最有力でしたが、決まったのは雅仁《まさひと》親王（後白河天皇）でした。

これには、崇徳天皇と兵衛佐局に対して不快感のあった藤原忠通の敵視も要因のひとつとして考えられます。藤原忠通は後白河天皇派につき、崇徳天皇と敵対する保元の乱が始まりました。

結果、崇徳天皇派は敗れ、家族は離散します。

正妻の藤原聖子は、勝者となった父・藤原忠通とともに京都に残ることになりました。息子の重仁親王は仁和寺《にんなじ》に出家します。讃岐国に配流された崇徳天皇に、お供したのは兵衛佐局でした。

兵衛佐局は、数人の上臈《じょうろう》たちを連れて、崇徳天皇の崩御までお供します。

崇徳天皇の崩御後、京都に帰りますが、すでに最愛の息子・重仁親王は、足の病により二三歳という若さで他界していました。

知人からの見舞いに対して兵衛佐局は、

君なくて かへる浪路に しをれこし 袖の雫を 思ひやらなむ
（崇徳天皇が亡くなって帰る船で、潮と涙で濡《ぬ》れた袖《そで》を思いやってほしい）

と悲嘆《ひたん》を吐露《とろ》しています。

その後、どういう最後を送ったのかは記録がありません。人知れず、悲しみにくれた生涯を送ったことでしょう。仁和寺にいた崇徳天皇の実弟の覚性《かくしょうにゅうどう》入道親王に身を頼ったとも伝えられています。

崇徳天皇が晩年過ごした直島の隣には、寄り添うように浮かぶ局島《つぼねじま》があります。崇徳天皇が、兵衛佐局が北枕《きたまくら》で寝ているようだと言ったことから、その名がついたと言われています。崇徳天皇の過ごした島に寄り添うような局島は、あたかも兵衛佐局が静かに眠っているようです。

このように直島には、崇徳天皇に関する地名が多く残されています。その一部を紹介します。

【京《きょう》の上臈《じょうろう》島】天皇を想い追いかけてきた京都の上臈が住んだ島。

【納言様《なごんさま》】天皇が配流されていた時、納言が天皇を慕って訪れ、船をつけた場所。

【京の山《けいやま》】旧、経納山《けいのうやま》。崇徳天皇が書いた写経の一部を収めた。

【姫泊山《きとまやま》】天皇の娘が、天皇に会いにきた時、泊まったところ。

【積浦《つむうら》】旧、王積浦《おおつむのうら》。天皇を積んだ船がついた浦。

【泊浦《とまがうら》】天皇が泊まっていた直島御所の目の前の浦。

【琴反地《ごたんじ》】旧、琴弾地《ごたんじ》。天皇と一緒に京都から来た納言が琴を弾いた。


など、直島には、崇徳天皇に関係する地名が多数残っていて、枚挙に遑《いとま》がありません。また、地名ではありませんが、直島町営バスの停留所名に「天皇下《てんのうした》」というのもあります。

他に天皇神社《てんのうじんじゃ》(崇徳天皇神社)というのもあります。

かつて崇徳天皇が住んでいたとされる場所は、直島御所などと呼ばれていたようです。正殿の前には、天高くを見つめる西行の像があります。鳥居の額束《がくづか》には、崇徳天皇の魔縁に惹《ひ》かれて側に仕えるようになった相模坊天狗《さがんぼうてんぐ》のような彫刻が飾られています。

直島の名称は、崇徳天皇が配流された時「島の人の心が素直だったから」そう名付けられたと伝えられていますが、おそらく崇徳天皇が島に到着した際には、すでに真島から、直島に変わっていたのでしょう。

かつて直島の地名は、待島、真島、直島と名称が変容していったようです。

瀬戸内海を南北に横たわっているため、瀬戸内海を通るための風待ちの場所として適していました。そこで、風待ちの島として待島《まちしま》と呼び、それが訛《なま》って真島《ましま》となりました。

■直島周辺の地図

後白河天皇によって編纂された『梁塵秘抄』には、

讃岐松山に　松の一本歪みたる　捩りさの捩りさに　猜うだるかとや　直島の然許んの松をだにも直さざるらん

（讃岐の松山に、松が一本歪んで立っている。心をよじ曲げて、憎みひがんでいるそうだ。直島という真っ直ぐの島と書く名の島があるくらいなのに、ねじけた松の一本くらい真っ直ぐにできないのだろうか）

と、保元の乱が終わった後も、崇徳天皇をねじ曲げた一本の松にたとえ、愚痴をこぼしている歌ですが、すでに直島の地名が見えます。

また、保元の乱を記載した鎌倉時代の史料には、直島が登場します。

『源平盛衰《せいすい》記八』には「始は眞島に給いける」とこちらは眞島です。

『保元物語』には「直島と言うところに御所を」とあり、直島と書いています。

『長門本平家物語』にも「はじめはなほ島に」と直島です。

表記が様々ですが、漢字の「眞」と「直」は「まっすぐで、曲がっていない」と同じ意味を持っています。

崇徳天皇により、真島という呼び名が直島に改められたと伝えられますが、真と直とは大きくは意味が変わりません。むしろ、人の心の正しさは、眞（まこと）の漢字を使いますから、変更する必要はありません。

実際のところは、眞島から直島への誤記ではないかと考えられます。真という字は、旧字で「眞」、俗字で「真」です。真島と直島、字がよく似ています。

誤記地名の事例として、直島より西方四〇キロメートルの岡山県笠岡《かさおか》市の北木島《きたぎしま》の地名由来があります。元々は柴島《しばしま》と呼ばれていたそうですが、いつの間にか漢字の「柴」が「北木」に分離し、北木島になったそうです。

崇徳天皇が、直島の人々に対して実直だと感じていたことを伝えたかったのではないでしょうか。

また『白峯寺縁起《しろみねじえんぎ》』によると、都から送り返された写経に、生き血を注ぎ天ト滅亡の呪いをかけた後、瀬戸内に浮かぶ大槌島《おおづちじま》と小槌島《こづちじま》の間に投げ沈めたと伝えられています。白峯寺から海岸に出ると、大槌島と小槌島の間に、ちょうど直島がみえます。さらには、経納山（現在の、京の山）もみえ、その山頂は一本松という地名です。

写経を沈めた場所は、海中ではなく、海に浮かぶ直島だったのかもしれません。

魔除けの源為朝

保元の乱は朝廷が戦いに勝つために頼った武家が活躍します。平安時代に武芸を磨いた武士が誕生し、楚々《そそ》たる武家の中で、誰もが認めるほど最強とうたわれたのが源為朝《ためとも》でした。

直島には、不思議な風習があります。

厄除けの鮑《あわび》を玄関に吊るしておくというものですが、そこには「鎮西八郎為朝《ちんぜいはちろうためとも》　御宿《おんやど》」と書いてあります。「ここには源為朝が泊まっている」という意味です。

源為朝が直島に来た記録はないのですが、なぜこのようなことが起こっているのでしょうか。

江戸時代、疱瘡《ほうそう》などの疫病流行の際には、門口に「為朝の宿」と書いた紙を貼るまじないが広く流行しました。源為朝の武威《ぶい》を恐れ、疫病神《やくびょうがみ》が退散するというのです。

江戸で始まった風習が全国にも広まり、直島でも使われるようになります。

もともと瀬戸内の島では、魔除《まよ》けのために玄関に鮑《あわび》の殻を吊るしておくという風習がありました。

これと重ねて、鮑に為朝の宿を書く魔除けが風習化します。源為朝は、身長二メートルを超える巨漢の上に、豪腕を持つ生まれつきの乱暴者でした。この暴れっぷりは『愚管抄』『吾妻鏡《あづまかがみ》』「保元物語』によって伝えられています。

ついには父の源為義に見放されて、一三歳の時に九州に追放されましたが、そこでも手下を集めて暴れまわり、菊池氏や原田氏といった九州の豪族たちと合戦して、たった三年で九州一帯を制覇《せいは》して、鎮西総追捕使《ちんぜいそうついぶし》（鎮西八郎）を名乗ります。鎮西とは九州の別名で、追捕使《ついぶし》は軍事的な役割を担う職のことです。

ついには、源為朝の乱行により、京都にいる父・源為義《ためよし》が解官《げかん》されるに至ります。それを聞きつけて、源為朝は上洛《じょうらく》しました。

そして翌年、保元の乱では大将に任命された源為義のもと、崇徳天皇派に参加します。九州の豪族を次々となぎ倒して、九州では天下人となっていた源為朝でしたから、崇徳天皇にとっては、この上ない援軍でした。京都に戻って来る際には、九州の百戦錬磨《ひゃくせんれんま》の強者《つわもの》二八騎《き》を引き連れていました。

いよいよ崇徳天皇と後白河天皇の戦いが避けられない状況になると軍議が開かれます。

九州で多くの合戦の経験がある源為朝は「夜討ちに勝るものはありません。敵の本丸を攻め寄せ、火を放てば容易に勝てます。兄の源義朝《よしとも》が出てくれれば私が射落とします。平清盛は敵にもなりません。逃げ出してくる天皇をお連れすれば、こちらの勝利です」と夜討ちを献策《けんさく》しますが、左大臣・藤原頼長は「夜討ちなどは武士同士の私戦ですることです。新天皇と元天皇の国をめぐる戦いに卑怯《ひきょう》な真似はできません」と退け、夜討ちは聞き入れられませんでした。

それどころか、逆に夜討ちをかけられてしまいます。

源為朝の強弓《きょうきゅう》と特製の太矢《ふとや》で、敵方は震え上がりますが、結局、崇徳天皇派は数時間のうちに、あっけなく敗れてしまい、全員が御所から逃亡してしまいました。

戦いに敗れた崇徳天皇は讃岐国に配流されました。源為朝は肘を外され自慢の弓が引けないようにされた上で、伊豆大島《いずおおしま》へ配流されます。しかし、完治すると再び暴れまわります。その噂は京都にまで伝わり、一四年後の嘉応《かおう》二年（一一七〇）に、討伐《とうばつ》軍が伊豆に押し寄せます。

これには、さすがの源為朝も観念しますが、最後に一矢《いっし》報いようと三〇〇人の官軍を乗せた船を一人で沈めて、自ら命を絶ったと言われています。

ところが、沖縄では、伊豆大島から抜け出して、辿り着いた琉球《りゅうきゅう》王国で王になったという言い伝えがあります。『中山世鑑《ちゅうざんせいかん》』『鎮西琉球記《ちんぜいりゅうきゅうき》』などの記録では、どういうわけかこれが沖縄の正史として扱われています。

この豪快な人生が後世にも伝え続けられて、「為朝の宿」と書かれた紙が、疫病退散の魔除け札として流行していたのです。

直島にもその文化が伝わり、崇徳天皇にお供して最後まで主力として守護した意味を付け加え、風習として残りました。

直島の守り神の役割として、家の中に魔が入ってくる際に、日本最大の怨霊の後ろ盾となった源為朝がここに宿泊しているということを言えば、悪魔さえも寄り付かないというわけです。

魔を神様ではなく、魔を怨霊で払う直島の文化は、全国でも珍しい風習です。

源為朝は、保元の乱で崇徳天皇派として戦ったこと、親から見放されたこと、島流しにされたこと、島では凶暴者（怨霊）になったことなど、崇徳天皇と同じ運命を辿った武士でした。

現在、崇徳天皇を祀る白峯神宮《しらみねじんぐう》には、源為朝を祀る神社「伴緒社《ともおしゃ》」が建てられています。

改元は幕府の手に

保元の乱から、およそ三〇年。壇ノ浦の合戦で、源氏が平氏を滅ぼして、平安時代が終わります。

指揮をとった源頼朝は鎌倉に幕府を開き、建久《けんきゅう》三年（一一九二）に征夷大将軍に任命されました。ここに、武家政権が創始され、武家中心の社会に変わります。

平安時代末期、平氏が力をつけ、武家中心の社会に移行します。平氏の天皇が誕生しますが、その平氏は、源氏によって滅亡します。

幕府とは、将軍が政務をとったところを言います。幕府が倒れ、新政府が立ち上がった「明治」になってから、使われ始めた言葉です。当時は、鎌倉殿《かまくらどの》や室町殿《むろまちどの》などと呼んでいました。

戦場で幕を張って将軍の陣営としたところを幕、公文書や財宝を預かるところを府といい、幕と府を合わせた言葉です。現在でも、自衛隊の最高位は幕僚長《ばくりょうちょう》と言います。幕府の末期の略が幕末です。

鎌倉幕府が成立して武家が台頭することによって、朝廷の政治的な実権は衰退しました。幕府は東北までも手中に収め、日本を広く支配しました。

ところが、源頼朝の妻・北条政子《ほうじょうまさこ》の生家である北条氏が力をつけ始めます。源氏は身内同士の打ち合いによって力を弱め、源氏最後の血筋だった公暁《くぎょう》が北条氏によって討ち取られ、鎌倉幕府を開いた源頼朝以下の源氏の本流である源氏嫡流《げんじちゃくりゅう》の将軍は廃絶しました。源頼朝が征夷大将軍となってから、わずか三〇年でした。

そこで伊豆豪族の北条氏が代わって執政《しっせい》をとります。この機会を逃さなかったのが後《ご》鳥《と》羽《ば》上皇でした。

後鳥羽上皇は朝廷への政治的実権を回復しようと順徳《じゅんとく》上皇、土御門《つちみかど》上皇を伴い、実権を握る北条氏の追討を目指します。しかし、北条政子率いる軍勢は強大で、すぐに圧倒されてしまいます。これを「承久《じょうきゅう》の乱（承久三年・一二二一）」といいます。

争いの後、朝廷を支えていた上皇三人は配流となり、仲恭《ちゅうきょう》天皇は譲位を迫られます。そして、その四人の天皇とは系譜が違う、後堀河《ごほりかわ》天皇を即位させます。

後鳥羽天皇の配流先は隠岐国《おきのくに》で、同地で崩御します。朝廷は諡号《しごう》として「顕徳院《けんとくいん》」を贈りますが、不徳の死を遂げた安徳天皇や崇徳天皇、順徳《じゅんとく》天皇と同じ徳の字が使われていたことから、改めて「後鳥羽院」の諡号が贈られています。

特には、讃岐国で怨霊となった崇徳天皇が連想されました。崇徳天皇の徳の字、崇徳天皇の諱《いみな》の顕仁《あきひと》親王の顕の字があったからです。

崇徳天皇のように怨霊となるのを恐れていたと思われます。

承久の乱は朝廷（上皇方）と幕府が戦うことになり、朝廷が負けてしまうという事態にまでなりました。そして、源頼朝が基礎を築いた幕府は、朝廷に勝利した北条氏によって、より強力な組織へと変わりした。

こうして鎌倉時代以降、武士の棟梁《とうりょう》の征夷大将軍を長とする幕府が政治実権を握る時代に移行し、天皇が持っていた改元する力は、幕府が主導するようになります。

また、皇族が幕府に迎え入れられ、将軍に就任したことを祝う改元が行われるなど、幕府の都合による改元がみられるようになります。

失敗に終わった天皇の政治

元寇が起こった鎌倉時代、それまでの世界史で世界最大ともいわれているモンゴル帝国を二度も打ち破ったことは、平穏で雅な平安時代ではなく、武家中心の鎌倉時代だったことが功を奏したのかもしれません。

ただし、鎌倉幕府はこの戦争によって疲弊します。侵略を食い止める防戦だったこともあり、戦利品はなく、被害を被《こうむ》ったのは武家でした。

こうしたことから、幕府の権限を独占していた北条氏に対する不満が続出し、幕府や荘園領主から反抗する悪党《あくとう》と呼ばれる集団が出てきます。

武家の力が増してくると、天皇の後継者も武家が決めるようになりました。朝廷としても、後継者を朝廷が指名をしたところで、幕府の意思に沿わなければ、別の天皇が即位することがわかっていました。そこで、後嵯峨《ごさが》上皇は、「次の後継者については、幕府の意向に沿うように」とだけ遺言を残し、崩御しました。

その結果、時の将軍、北条時宗《ときむね》によって選ばれたのは、亀山《かめやま》天皇の息子・世仁《よひと》親王でした。

ここに後宇多《ごうだ》天皇が誕生します。

これによって、後継者指名を受けた亀山天皇の皇統である「大覚寺統《だいかくじとう》」と、指名から漏《も》れた後深草《ごふかくさ》上皇の皇統である「持明院統《じみょういんとう》」の二つに朝廷が分裂し、対立します。保元の乱の再来ともいえる朝廷内の争いが深まります。北条時宗の死後、朝廷の各派はこれらの争いの調停を幕府に求めました。幕府は、大覚寺統と持明院統の天皇を交互に即位する両統迭立《りょうとうてつりつ》を定めます。

大覚寺統からは、後醍醐《ごだいご》天皇が即位しますが、大覚寺統も二つに割れます。父・後宇《ごう》多《だ》天皇の遺言には、後醍醐天皇の皇統は一代限りで、以降の皇位継承は、後醍醐天皇の兄・後二条《ごにじょう》天皇が継ぐことが記されていました。これを幕府も認めていました。

これに不満だった後醍醐天皇は、朝廷内での争いに終止符を打ち、皇統を一つのものにしようと考えます。元亨《げんこう》四年（一三二四）に倒幕を試みますが、事前に情報が漏れて頓《とん》挫《ざ》し、側近が配流されます。

その後、「正中《しょうちゅう》」「嘉暦《かりゃく》」「元徳《げんとく》」と元号が続き、後醍醐天皇は、前回挙兵した時の「元亨（げんこう）」と同じ読み方の「元弘（げんこう）」に改元します。

ところが、幕府はこれを認めませんでした。またしても、後醍醐天皇の倒幕計画が発覚したからでした。そこで、後醍醐天皇は、天皇の皇位の正統である証の三種の神器を持って、御所を抜け出して挙兵します。

これに対して幕府は、後醍醐天皇を廃位して、持明院統より光厳《こうごん》天皇を即位させます。ここから、天皇が二人、元号が二つの南北朝時代になります。

幕府は、後醍醐天皇を捕らえて隠岐島《おきのしま》に配流して、光厳天皇は新たに「正慶《しょうきょう》」の元号を建てます。

それでも、後醍醐天皇は二年たらずで島を脱出して挙兵したため、幕府は、足利尊氏《あしかがたかうじ》に追討《ついとう》を命じますが、後醍醐天皇の兵に慄《おのの》き、一転して後醍醐天皇派につきます。足利尊氏らの援軍もあり、京都にあった幕府の出先機関の六波羅探題《ろくはらたんだい》を打ち落としました。同じ頃、東国で挙兵した新田義貞《にったよしさだ》が鎌倉の北条氏を打ち破ります。ここに、二〇〇年続いた鎌倉幕府は滅亡します。

そこで後醍醐天皇は、自らの廃位と光厳天皇の即位を否定し、「正慶」の元号を廃して「元弘」に戻します。その上で、新しく「建武《けんむ》」の元号を建てて、天皇自らが政治を取り仕切る親政《しんせい》「建武中興《ちゅうこう》（元弘三年／正慶二年・一三三三）」を開始しました。

改元も、後醍醐天皇の意向が大きく働きました。武士の力を借りて、天皇の権威も、改元する力も武力で取り返します。

ところがまた、足利尊氏が反旗を翻《ひるがえ》し、光厳天皇の支持も得て、一気に京都に攻め入り、後醍醐天皇を京都から近江《おうみ》に追い払います。

天皇による親政は、わずか二年あまりで崩壊《ほうかい》しました。平安時代以来、天皇に戻ってきた政治権力ですが、また武家が政治権力を握ることになりました。

天皇が二人、元号が二つ

近江へと追われた後醍醐天皇は、この兵革《へいかく》を乗り切ろうと「延元《えんげん》」に改元します。敵対していた足利尊氏は、後醍醐天皇の立てた「延元」を使わず「建武」の元号を使用していました。三種の神器がないままに、持明院統の光明《こうみょう》天皇を即位させます。

その後、後醍醐天皇は、足利尊氏からの和睦《わぼく》に応じて京都に戻り、皇位の証である三種の神器を譲渡して、京都に幽閉《ゆうへい》されました。

しかし、数週間のうちに京都を脱出して「光明天皇に渡した三種の神器は偽物だ」として、奈良の吉野《よしの》に南朝を開き、京都に持明院統の光明天皇を擁する北朝と、奈良に大覚寺統の後醍醐天皇を擁する南朝に分かれます。

こうして京都と奈良に、それぞれ二人の天皇が正式に即位します。どちらも正統の男系男子の血筋をもつ天皇でした。「元徳」以降は、京都と奈良で、それぞれ別の元号を使います。

日本に、天皇が二人いて、元号も二つある時代になります。

建武中興《けんむのちゅうこう》による「建武」と、正平一統《しょうへいいっとう》による「正平《しょうへい》」に一時的な元号統一がありますが、長くは続かず、天皇が二人、元号が二つの時代がおよそ五〇年続くことになります。

この間、元号については、北朝と南朝で違うものを使用します。

【北朝】

天皇（五人）

光厳《こうごん》天皇、光明《こうみょう》天皇、崇光《すこう》天皇、後光厳《ごこうごん》天皇、後円融《ごえんゆう》天皇

元号（一九個）

「正慶《しょうけい》」「建武《けんむ》」「暦応《りゃくおう》」「康永《こうえい》」「貞和《じょうわ》」「観応《かんのう》」「正平《しょうへい》」「文和《ぶんな》」「延文《えんぶん》」「康安《こうあん》」「貞治《じょうじ》」「応安《おうあん》」「永和《えいわ》」「康暦《こうりゃく》」「永徳《えいとく》」「至徳《しとく》」「嘉慶《かけい》」「康応《こうおう》」「明徳《めいとく》」

【南朝】

天皇（四人）

後醍醐《ごだいご》天皇、後村上《ごむらかみ》天皇、長慶《ちょうけい》天皇、後亀山《ごかめやま》天皇

元号（一〇個）

「元弘《げんこう》」「建武《けんむ》」「延元《えんげん》」「興国《こうこく》」「正平《しょうへい》」「建徳《けんとく》」「文中《ぶんちゅう》」「天授《てんじゅ》」「弘和《こうわ》」「元中《げんちゅう》」

分かれたのは、京都と奈良だけではありませんでした。各地方、支持する天皇が違いましたので、全国でも元号の使用が分かれました。

北朝では、三代目の足利義満《よしみつ》が武家の最高位の征夷大将軍になり、公家の最高位の左大臣《さだいじん》まで上り詰め、武家と公家社会の両方の頂点を極めます。そして、足利義満の独断で「明徳」の元号を選ぶに至ります。

結局、南朝と北朝はお互いに譲歩し、両統迭立を再開する「明徳の和約《わやく》（明徳三年／元中九年（一三九二）」が結ばれて、天皇も元号も一つに統一されました。

南朝の後亀山天皇から、北朝の後小松《ごこまつ》天皇に三種の神器が譲られ、以降の天皇の皇位を北朝にすることを決めました。これによって、天皇が後小松天皇に一本化されます。元号も、南朝で使われていた元中九年（一三九二）を廃止して、北朝で使っていた明徳三年（一三九二）に統一します。しかし、北朝は和約を破り、南朝から天皇が即位することはありませんでした。

のちの明治政府は、明治四四年（一九一一）の帝国会議によって、三種の神器を継承していた南朝を正統と決定しました。その結果、北朝の天皇として即位した天皇は、歴代天皇に含まれないことになり、北朝のみで使われた一六の元号については、非公式なものとして扱われるようになりました。日本に存在した元号の数が、二四八と二三二と文献によって異なる表現があるのは、南朝と北朝の元号を含めた二四八を言うのか、正統とした南朝だけの二三二を言うのかの違いです。しかし、今上天皇は一二六代天皇として即位している以上、「令和」の元号は二三二個目というのが正しいです。

「明徳」の次の元号の「応永《おうえい》」は、三五年も続きます。「昭和」の六四年、「明治」の四五年に続く、歴代三番目の長さになりました。元号が乱立する鎌倉から南北朝時代までの長い兵乱期の終わりを告げる元号になりました。

中華帝国でも西洋でも世界各国の歴史は、支配国の王朝を滅亡させて、新たな国を建国する王朝交代の歴史です。

日本史の興味深いところは、王朝交代を目論《もくろ》むのではなく、天皇を味方につけた武家が政権を握るというところです。どの時代の日本人も、万世一系《ばんせいいっけい》である天皇を滅亡させようとはしませんでした。天皇の権威と歴史を国全体が認めていたからです。

ただ天皇家を滅亡させようと考えた人をあげるとすれば、それは崇徳天皇でした。

政治権力を握ろうとする武家らが、現在即位している天皇を廃して、自分たちに有利に働く別の皇位継承者を連れてきて、三種の神器を譲り受け、即位させます。

そして、政治実権者は、天皇の承認を得て、将軍の位につきます。

こういった形式は今も変わっていません。国民の選挙によって選ばれた国民の代表は、天皇の名の下に任命され、内閣総理大臣として政治の最高権力の座につきます。政治を司る内閣総理大臣は、天皇の権威によって、権限を譲渡されています。

日本は、選挙によって、直接代表者を選ぶ大統領制をとっておらず、いうなれば、最終的には天皇による任官を受ける人を決める選挙を行なっているのです。

室町時代は、応仁の乱によって幕府が大きく動揺すると、足利家が二分し、ついには崩壊してしまいます。

そして、大名中心のいわゆる戦国時代に入り地域国家が誕生します。織田信長が畿内に統一政権を樹立し、豊臣秀吉が全国統一を果たし、ようやく、政治も経済も安定したものに落ち着くようになります。

豊臣秀吉が朝廷の威信回復に努めますが、死後、徳川家康によって江戸に幕府が開かれると、幕府と大名のいる藩による幕藩《ばくはん》体制をとられ、幕府は朝廷への干渉を強めていくことになります。

■改元と天皇系図【鎌倉～室町時代】

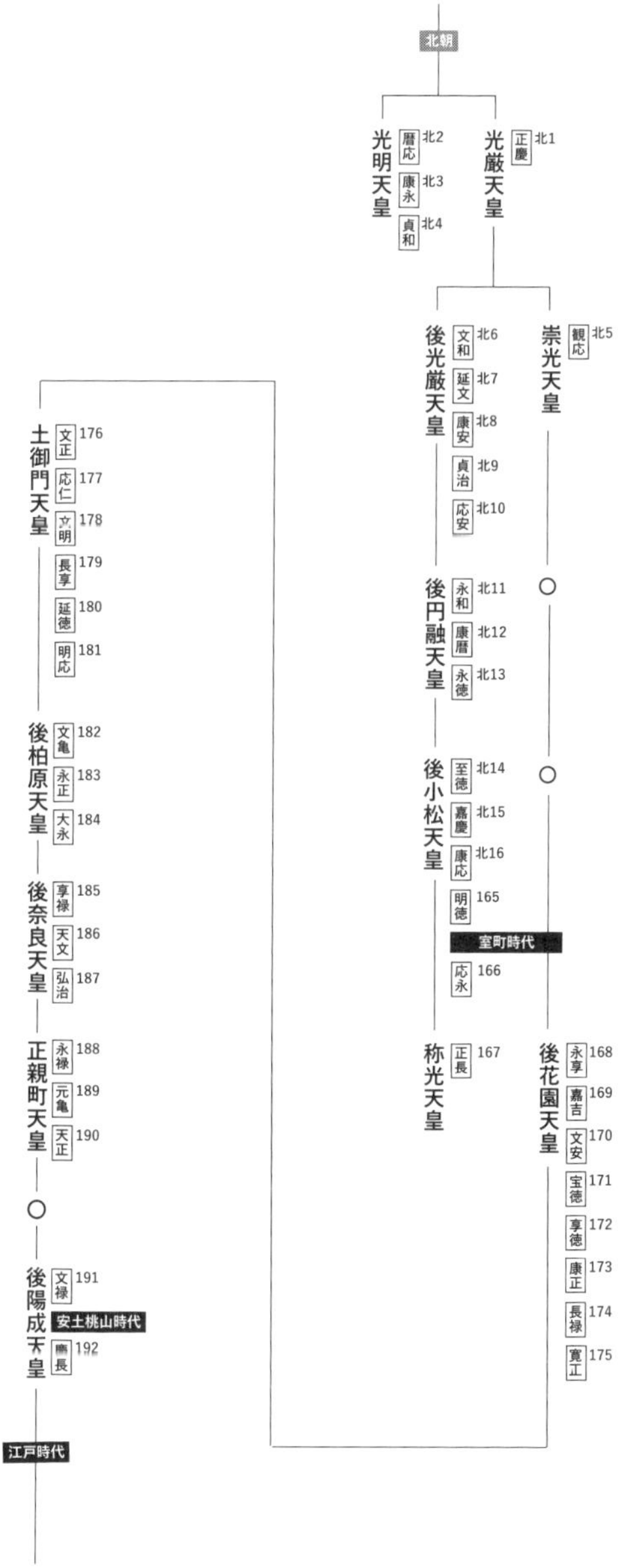
北朝
光厳天皇
正慶 北1
光明天皇
暦応 北2
康永 北3
貞和 北4
崇光天皇
観応 北5
後光厳天皇
文和 北6
延文 北7
康安 北8
貞治 北9
応安 北10
後円融天皇
永和 北11
康暦 北12
永徳 北13
後小松天皇
至徳 北14
嘉慶 北15
康応 北16
明徳 165
室町時代
応永 166
称光天皇
正長 167
後花園天皇
永享 168
嘉吉 169
文安 170
宝徳 171
享徳 172
康正 173
長禄 174
寛正 175
土御門天皇
文正 176
応仁 177
文明 178
長享 179
延徳 180
明応 181
後柏原天皇
文亀 182
永正 183
大永 184
後奈良天皇
享禄 185
天文 186
弘治 187
正親町天皇
永禄 188
元亀 189
天正 190
後陽成天皇
文禄 191
安土桃山時代
慶長 192
江戸時代

第三章

瀬戸内から都へ

横暴な江戸幕府

豊臣秀吉の死後に起きた内紛が「関ヶ原《せきがはら》の戦い（慶長《けいちょう》五年・一六〇〇）」に発展します。徳川家康が権力を掌握《しょうあく》して豊臣家を滅ぼしたのち、江戸に幕府を開きます。各国の諸藩を、一年おきに江戸に出仕させる参勤交代《さんきんこうたい》を命じ、幕藩体制として、長期の政権を握ることになります。

徳川家康は、江戸幕府を開いた二年後に、息子の徳川秀忠《ひでただ》を二代目征夷大将軍に任命して、その座を明け渡します。

幕府は、朝廷や公家を統制する「禁中 並 公家諸法度《きんちゅうならびにくげしょはっと》（慶長二〇年・一六一五）」と、武家を統制する「武家諸法度《ぶけしょはっと》（元和元年・一六一五）」を制定しました。二六〇年以上続くことになる江戸幕府の支配体制の基礎を作っていきます。これらの法律は、江戸時代には、一度も改訂されることはありませんでした。

法による統制にとどまらず、娘・徳川和子《まさこ》を皇后として入内《じゅだい》させます。天皇との間に生まれた男子を天皇として即位させることにより、徳川家康の悲願である徳川家の血を引く天皇を即位させることを目論みます。

「禁中並公家諸法度」には、改元についても幕府が介入することが明記されました。これによって、元号は、江戸城の火災や将軍就任を理由とした改元が行われます。また、将軍の法事や朝鮮通信使《ちょうせんつうしんし》の来日による改元の中止や延期があるなど、幕府の都合で改元が左右されました。

改元は、保元の乱以降も、天皇の勅許《ちょっきょ》が必要でしたが、実質的には、改元にかかる費用を賄《まかな》っている幕府の特権となっていました。

それでも、天皇の権威こそ尊重されていましたが、天皇に改元する財源すら与えられませんでした。幕府の横暴としか言いようがありません。

そうしているうちに、朝廷が大徳寺《だいとくじ》や妙心寺《みょうしんじ》の僧侶に出した勅許（紫衣《しえ》勅許）を無効にする「紫衣事件（寛永《かんえい》四年・一六二七）」が起こります。紫衣とは、徳の高い僧侶に与えられる衣で、古来より、天皇の権限によってその僧衣を着ることが許されていました。その見返りは朝廷の財源になっていました。

ところが、幕府がそれを認めないというのです。要するに、天皇の意向よりも幕府の意向が尊重されるというものです。幕府が朝廷を締め付けるという事態です。

これには朝廷も僧侶も反発し、紫衣事件が始まります。

これに怒った御水尾《ごみずお》天皇は、幕府の許可なく退位してしまいます。多くの権限を剥奪《はくだつ》された天皇に残された唯一の意思表示は、退位することくらいでした。しかし、報復にはこれで十分でした。

御水尾天皇は、まず徳川和子の間に授かった七歳の娘を明正《めいしょう》天皇として即位させます。ところが、女帝となった天皇は生涯未婚であることになっていましたから、徳川の血筋の天皇が誕生すると同時に、以後は、徳川の血を引かない天皇になることが確定します。

さらには、七歳の天皇には、朝廷を取り仕切ることができませんから、ここに御水尾上皇による朝廷内での院政が復活します。

天皇の代替わりには、その即位を祝って改元するのが常識でしたが、明正天皇の即位時には改元が行われませんでした。改元権力を持っている徳川家にとってめでたいといえるものではなかったのかもしれません。

改元をする力が天皇の手元にはないものの、幕府には元号を改めさせないという奇策にもなりました。そのため、この「寛永」という元号は、二〇年、天皇三代にまでわたる珍しい元号となりました。

元号が正式に始まる「大宝」以来、改元をしなかった天皇は、二か月しか即位しなかった仲恭《ちゅうきょう》天皇と、天皇号すら剥奪されていた淳仁天皇、そして明正天皇の三人だけです。明正天皇は一〇年以上在位していましたので、異例中の異例でした。

朝廷内で院政を再開した御水尾上皇は、明正天皇の異母弟である御光明《ごこうみょう》天皇を即位させ、徳川家の血筋を排除しました。徳川方の天皇は明正天皇を最後に断絶することが決まり、新天皇の即位を祝って元号が「正保《しょうほう》」に改められます。

こうして幕をあけたのが「正保元年（一六四五）」、正に保元の年です。民衆から不吉だという声が上がり、三年しかもたず改元されますが、朝廷が幕府に一矢報いた改元となりました。

その後も、徳川家の政治は二〇〇年以上続きますが、徳川方の天皇は、明正天皇ひとりきりで、以降は徳川家の血を引く天皇はいません。

奪い返した改元の力

紫衣事件が起こった「寛永《かんえい》」は、幕府が鎖国《さこく》を始めた時代でした。

きっかけは、「島原《しまばら》の乱（寛永一四年・一六三七）」でした。農民が始めた一揆《いっき》の中に、キリスト教徒が加わっていたことから、外国とのやり取りを禁止します。

幕府はまず、寛永一〇年（一六三三）に、幕府の許可なく海外渡航をすることを禁止します。その二年後には、海外渡航を全面的に禁止し始めて、寛永一六年（一六三九）には、ほぼ完成するに至りました。渡航はおろか、日本人の帰国すら許されなくなりました。

そこから、幕末の「日米和親条約《にちべいわしんじょうやく》（嘉永《かえい》七年・一八五四）」によって開国するまで二〇〇年以上、鎖国は続きます。

欧米列強は、アジア諸国を次々と侵略して手中に収め、次なる標的として日本を狙《ねら》いました。

まずロシアが、その機会を窺うために、ロシア船を日本海に出没させ始めます。

その後「宝暦《ほうれき》」を「明和《めいわ》」に改めます。この元号は崇徳天皇の崩御からちょうど六〇〇年後に始まりました。明和九年《めいわくねん》が、迷惑年《めいわくねん》と読めるということで改元されましたが、ただの語呂合わせではなく、実際に日本にとって迷惑な年でした。大円寺《だいえんじ》への放火が発生し、それが江戸の町中を焼くほどに燃え広がり、死者一万四七〇〇人の大火事になります。これが原因で「安永《あんえい》」に改元されました。

江戸時代は、大きな内乱も侵略もなく平和でしたが、日本周辺の海には、外国船が蠢《うごめ》き虎視眈々《こしたんたん》と侵略を画策します。しだいに、イギリス、アメリカ、フランスなど、開国を迫る異国船が次々と押し寄せるようになっていました。

開国しない幕府の頑《かたく》なな姿勢に、外国人が許可なく入国して、日本人に危害を加える事件が相次ぎます。

しびれを切らした幕府は、「異国船打払令《いこくせんうちはらいれい》（文政《ぶんせい》八年・一八二五）」を出して、日本周辺にきた船はすべて撃ち払うことに決めました。鎖国をいっそう強硬なものにします。

ドイツの医師・博物学者のシーボルトが日本地図を祖国に持ち帰ろうとして追放され、周辺の多くの日本人が処分される「シーボルト事件（文政一一年・一八二八）」が発生します。おそらく記念品として趣味のうちとして持ち帰ろうとしたのだと思われますが、国防に関わる情報の漏洩《ろうえい》に、神経を尖《とが》らせていたことがわかります。

そして、嘉永六年（一八五三）、ペリー率いるアメリカ軍艦四隻が浦賀《うらが》にやってきます。大統領の国書を半ば無理やり幕府に渡します。幕府は、一年後に返答すると伝え、そのまま帰国させました。そして約束どおりペリーは再びやってきます。

ここで黒船来航を理由として「安政《あんせい》」の元号に改元します。

かつては、隕石《いんせき》落下や新羅《しらぎ》による入寇《にゅうこう》、富士山の大噴火、マグニチュード八・三と推定される貞観《じょうがん》地震が起きても、改元は行われませんでした。時代背景が違うので一概に比較することはできませんが、それらを上回るほどの衝撃だったのかもしれません。

この頃より、改元について、天皇の意見が大きく反映され始めます。異国船の来航により、改元の力が朝廷に戻ってくるようになりました。

「安政」から「万延《まんえん》」への改元は、江戸城本丸が焼けたことが原因ですが、改元によって不穏《ふおん》な空気を一新したいと願う孝明天皇の強い意思でした。朝廷や幕府の反対意見を振り切っての改元でした。

「万延」の元号は天皇自らが決めた元号です。これにより、保元の乱により失われた改元の力を、天皇が奪回します。

ここから、朝廷が力を強め、のちの世を動かすことになります。

天皇が、改元の力を奪回したこのとき、いよいよ朝廷に政治権力が戻ってこようとしました。

後醍醐天皇が、政治的権力を奪回し、自らの手で親政をとった建武の中興は、わずか二年で武家に取られてしまっていました。

その失敗を知っていた朝廷でしたから、武力に頼っただけの権力奪回は長くは続かないので、他の何かを必要と考えました。

それは、崇徳天皇の鎮魂《ちんこん》でした。七〇〇年の呪いを解いてこその、権力復活と考えるようになります。

崇徳院の怨霊が強く意識されたのは、江戸時代後期に出版された上田秋成《うえだあきなり》による『雨月物語《うげつものがたり》』や、曲亭馬琴《きょくていばきん》と葛飾北斎《かつしかほくさい》による『椿説弓張月《ちんせつゆみはりづき》』によって、崇徳天皇の怨霊伝説が江戸で広く読まれていた背景があります。

天皇をやめると激怒

異国船が押し寄せてくる頃、幕府の威信は、外国からの圧力により衰退していきます。幕府への不満から、国内では、天皇をたてて異国船を追い払う尊王攘夷《そんのうじょうい》の動きが活発化します。徳川幕府崩壊《ほうかい》の足音が聞こえ始め、天皇の権威が高まり、いよいよ朝廷に実権が返ってこようとしていました。

攘夷《じょうい》、すなわち、外国を撃退して鎖国を維持しようとする勢力の筆頭だったのは、紛《まぎ》れもなく孝明天皇でした。

保元の乱では、新天皇と元天皇の兄弟同士の戦いが、公家や武家の身内同士の戦いに発展した末に、朝廷は武家に主権を奪われました。

身内同士の戦いが終わると、日本が外国によって別の何かに変わってしまうのではないかと危惧《きぐ》します。戦うべき相手は外国であること、保元の乱の教訓がここに生かされます。

攘夷か開国か、国が揺れる中で、孝明天皇は一貫して攘夷だと言います。

ここで天皇は、攘夷を叶えるために、必死に祈ることをしました。天皇にできる最大のことは、改元で悪い流れを断ち切ることと、建国以来一度も外国によって侵略され占領されることがなかった日本国の安泰《あんたい》を祈ることでした。

祈るために賀茂《かも》神社に行幸《ぎょうこう》します。天皇が外に出るというのです。これは御所の火災による避難を除けば、御水尾天皇以来、二三〇年ぶりのことでした。

孝明天皇の思いは攘夷でしたが、幕府の最高職の大老《たいろう》・井伊直弼《いいなおすけ》が、朝廷の許可なく、勝手に日米和親条約を結んで、開国をしてしまいました。アメリカだけではなく、イギリス・フランス・オランダ・ロシアの五か国との条約を結びます。

これには、朝廷や公家、大名も、幕府に大抗議します。

そして孝明天皇は、怒りのあまり譲位の意向を示します。天皇をやめるというのです。当時、譲位の意思は、天皇の唯一の意思表示でしたから、幕府側も慌《あわ》てふためきます。

紫衣事件の際にも、御水尾天皇が怒りのあまり譲位した経緯があり、幕府が朝廷への影響力を失った苦い過去の経験としてありました。

驚愕《きょうがく》した幕府は慌てて、譲位を阻止しようと、説明に上がる準備をするに至ります。

文久《ぶんきゅう》四年（一八六四）は、六〇年ごとに巡ってくる革命が起こるとされる甲子年でした。

それに加え、崇徳天皇の崩御から、ちょうど七〇〇年でした。崇徳天皇の没後一〇〇年ごとの年回りには、公武の変が起こるとされていましたから、式年祭《しきねんさい》と甲子年の重なりは不気味でした。そして「文久」に変わる改元は、朝廷主導で行われました。

朝廷は有識者を集めた会議で「令徳《れいとく》」か「元治《げんじ》」の二案を選択し、幕府に提案します。「令徳」は前回改元に続き二度目の候補入りでした。

「令徳」は「徳川に命令する」とも読めるので一橋慶喜《ひとつばしよしのぶ》（徳川慶喜）が拒否、福井《ふくい》藩主の松平慶永《よしなが》はこれまで一度も使われたことがない「令」の字が入っているとして難色を示します。

そして幕府は「令徳」を嫌い、「元治」に決めました。

しかし「令徳」は本来、美しい徳という意味で理解すべきでした。「令」の字には、美しいとか立派という意味があり、そこに規律、秩序、礼儀、敬意が含まれていることをいいます。

法令や律令などは、道徳心のある規律や秩序を定めたものです。命にかえて委《ゆだ》ねるものを命令といいます。指令は、上のものが相手への信頼と敬意のもとにお願いする任務です。辞令は、責務を果たしてもらえる信頼を込めて言い渡すものです。

これに対し、指示や指図は、上のものから下のものへ申し付ける事柄です。相手を敬って委ねるものか、押し付けたものかという明確な違いがあります。

また、他人の娘を敬っていう時には、令嬢《れいじょう》と言います。

このように「令」は相手を敬う意味のある漢字です。同じ読みの礼《れい》、麗《れい》と同じように、そこに礼儀が伴い、美徳があり、上下の立場関係なく、自らが頭を下げる謙虚な心があります。

「元治」に改元して甲子年の不吉を避けたのですが、改元直後に、京都市中が広く焼失する「蛤御門《はまぐりごもん》の変《へん》（元治元年・一八六四）、アメリカ・イギリス・フランス・オランダの連合艦隊が長州藩《ちょうしゅうはん》に攻撃を加えた事件「四国艦隊砲撃事件《しこくかんたいほうげきじけん》（同年）」が起こり、「元治」の元号への不評の声が上がります。

この立て続けに起こる不穏な事件の裏には、元号が、保元の乱の「元」と平治の乱の「治」から一字ずつとった悪号にあると言うのです。

「元治」の元号はたった一年で「慶応《けいおう》」に改元されます。

ついに解けた呪縛

この「慶応」への改元時には、一四代将軍・徳川家茂《いえもち》が朝廷に対して、「次の元号は孝明天皇の意見にすべて従う」という旨《むね》の意見書を提出します。改元の力は、完全に天皇に渡りました。

「次代の天皇は幕府の意向に従う」との言葉を残した鎌倉時代の後嵯峨天皇のことを考えれば、立場がまるで逆転しています。

幕府が関与せず、天皇の意向として改元が行われました。本当に革命が起きたように、この元号以降、改元権が幕府から朝廷に移行します。

保元の乱によって、武家から奪われた改元する力は、ここに復活し、七〇〇年前の呪《じゅ》縛《ばく》が解き放たれようとしていました。

孝明天皇によって「慶応」に元号が変わると、今まで保たれていたたがが外れるように、急激に幕府が崩れ始めます。

翌年、倒幕《とうばく》に追い込まれていた一五代将軍・徳川慶喜《よしのぶ》が、ついに観念して「大政奉還《たいせいほうかん》（慶応三年・一八六七）」を奏上《そうじょう》します。幕府が持っている政治の権限をすべて朝廷に返すというものです。

天皇を中心に国を立て直し、外敵を撃退する「尊王攘夷」派と、朝廷と幕府が一緒になって政治を行う「公武合体《こうぶがったい》」派が対立しますが、尊王という部分を一緒にすることは、お互い望むところでした。

幕府は大政奉還をしてもなお、新政府の中で権力を保持しようと試みましたが、倒幕派との戊辰戦争に敗北し、ついに幕府は瓦解《がかい》しました。保元の乱以降、鎌倉から江戸時代にかけて武家による幕府政治が続いてきましたが、七〇〇年ぶりに朝廷の権力が復帰しました。

大政奉還を受けて、朝廷から「王政復古《おうせいふっこ》の大号令《だいごうれい》（慶応三年・一八六七）」が発せられ、江戸幕府の廃止が決定されます。平安時代以来の王政が復古することになり、倒幕派の諸藩とともに、新政府が樹立されます。

天皇が改元したことにより、二六〇〇年続いた徳川幕府の求心力が一気に落ち始めます。

その政治情勢のごたごたのある中で、大政奉還の一年ほど前に、孝明天皇が天然痘《てんねんとう》により、三五歳という若さで急な崩御を迎えてしまいます。

討幕派による暗殺説が根強くありますが、その真相はわかりません。

いよいよ大政奉還によって、朝廷に権限が返ってこようする時、孝明天皇は、事実上の政治実権の奪取だけではなく、崇徳天皇の怨霊を鎮め、京都に還ってきていただくことが大事だと考えていました。さらには、朝廷の守護神となってもらおうとしました。鎌倉時代に、後醍醐天皇が実権を取り返したことがありましたが、二年ばかりで、また武家に奪われてしまいます。武力によって政権を取り返しただけでは長く続かず、建武中興と同じ失敗をみると考えます。

先代の思いは、一四歳で即位した明治天皇に引き継がれ、崇徳天皇の京都への還都の夢も託されました。

明治天皇の即位礼については、慶応三年(一八六七)一一月が予定されていましたが、大政奉還の準備が進められるなど、国務の多端《たたん》や即位礼にかかる準備が不十分のまま一〇月に至ってしまったため、翌年に持ち越しとなりました。

翌年、明治新政府の基本政策が、明治天皇によって宣布《せんぷ》されます。「五《ご》箇《か》条《じょう》の御誓文《ごせいもん》(慶応四年・一八六八)」です。

ここで示されたのは「広く人材を求めて、会議を開いて議論を行い、大切なことはすべて公正な意見によって決めましょう」「身分の上下を問わず、心を一つにして、積極的に国を治め整えましょう」など、日本の民主主義の基本となる普遍的な理念です。

慶応四年（一八六八年）八月一六日には、改めて即位礼の日を八月二七日に決定し、同時に崇徳天皇の御霊を讃岐国から迎え入れて、京都御所の近くに、神社を創建する宣命をだします。

即位礼の前日の八月二六日は崇徳天皇の命日でした。明治天皇は、崇徳天皇が長く幽閉されていた讃岐国に勅使を遣わし、慰霊をし、遷都のための祝詞《のりと》を申し送ります。

【崇徳天皇還都の祝詞　意訳】

明治天皇の仰《おお》せ言によりまして、讃岐国の白峯の山稜《さんりょう》に鎮まります崇徳天皇の大御前にて、誠に恐れ多いことですが申し上げます。

「保元の乱の忌々《いまいま》しい出来事によって、海を渡り遥々この国に行幸なさり、鬱憤《うっぷん》の中に崩御されたことは、大変恐れ多くも悲しきことの極みであると、私はいつも心を痛めております。先代の孝明天皇が、崇徳天皇の御霊を迎え奉り、積憤《せきふん》を和《やわ》らげようと務めてまいりましたが、果たすことができずに、この世を去りましたので、この度、遺志を引き継ぐに至った次第です。皇居の近くの飛鳥井町に清らかな新宮をこしらえました。崇徳天皇の尊霊を迎え奉らせて頂くことを、お聞きとどけ頂き、速《すみ》やかに多年の天皇が心配することを散らして頂き、お迎えにあがる勅使とともに、都にお戻り頂き、天皇と朝廷を末長く守護して頂きたく存じます。なお今、奥羽《おうう》の賊徒《ぞくと》が、皇軍に矢を射かけております。この賊徒を速やかに鎮め、天下を安穏《あんのん》にお護り頂きますよう申し上げます」

と申しております。

祝詞の要点は三つ。歴代天皇を代表して讃岐に配流された天皇に気持ちを伝えること、崇徳天皇の生前の願いだった還都を叶え、新宮にお座り頂くこと、そして強い神霊の力で朝廷を守護してもらい、朝廷に牙《きば》をむく奥羽の諸藩を降伏させて戊辰戦争を終結させようとしたことです。

そして、翌日。慶応四年（一八六八年）八月二七日に即位礼が行われます。即位礼式典の最後には崇徳天皇に向けた寿詞《じゅし》を読み、古歌が詠《うた》われました。

一連の日程から、朝廷にとって王政復古は事実上の政治実権だけではなく、怨霊を鎮め、国家安泰の祈りを捧げることが、重要と考えていたことが分かります。

こうして、七〇〇年前に、讃岐国に葬《ほうむ》られ、怨霊となって生き続けた崇徳天皇の御霊は、神霊となり、晴れて朝廷の護り神となりました。

史上初、御籤で決まった「明治」

「明治」への改元は代始の改元でしたが、明治天皇が践祚《せんそ》してから二年近くが経とうとする頃に、即位礼と改元が行われています。

孝明天皇が崩御したのは、慶応二年（一八六六年）一二月二五日、明治天皇が践祚したのは、慶応三年（一八六七年）正月九日でした。

そして慶応四年（一八六八年）八月二七日に即位礼が行われます。

践祚してから即位礼までの年数は、後柏原《ごかしわばら》天皇が二〇年で即位礼、後奈良《ごなら》天皇が九年などと特異な例もありましたが、従来は一年ほどで執《と》り行われています。

北朝五代目の後円融天皇は、践祚してから三年後に即位礼、その九か月後に代始の改元が行なわれました。明治天皇が践祚したころは、大政奉還によって新政府が立ち上がるなど、旧幕府軍との戊辰戦争が続いていました。

即位礼とは、新天皇として践祚した後、天皇自らが皇位についたことを天神地祇《てんじんちぎ》に奉告し、天下に告げる儀式のことです。一般でいう実際に就任してから、改めて行う正式な就任式といったところです。

内外に天皇の皇威《こうい》を示すために、即位式の中心には地球儀《ちきゅうぎ》が据《す》えられました。四方に向けて日本の国威《こくい》を発揚《はつよう》する狙いもありました。

朝廷に牙《きば》をむく東北の旧幕府軍と戦う戊辰戦争の真只中《まっただなか》に、半ば強行に即位礼は進められました。崇徳天皇の強い神霊を味方につけて、即位礼を行うことで、朝敵《ちょうてき》を追い払おうとしたのです。

当然ながら、このような重要な時に、天皇が讃岐国に直接出向いて、慰霊することは不可能です。そこで、勅使を讃岐国に派遣しました。

勅使とは、天皇の御意思を賜《たまわ》った使者です。天皇が京都を離れられない時に、勅使に御意を伝え、勅使は天皇として祭り事を執り行います。天皇の御意思を伴う存在ですので、勅使が讃岐国にいるということは、明治天皇の意思が讃岐国にあるということと同義です。

即位礼の前後と、勅使の日程については、一六五頁の図のとおりです。即位礼も改元も、明らかに崇徳天皇を意識しています。

「元治」への改元をした年に還都を決め、次の「慶応」への改元の年には御陵《ごりょう》の修復、「明治」の改元で還都を達成しました。

幕末の改元と崇徳天皇の鎮魂は、深く結びついています。

勅使の御意思は、明治天皇の御意思でありながら、この還都への思いは、父である孝明天皇の御意思でもありました。

なぜ、このような日程になっていたのでしょうか。

平安時代、京都では、崇徳天皇の怨霊によると噂される異変が相次いで発生したため、後白河法皇は、保元の乱の合戦の地に粟田宮《あわたのみや》の御廟《ごびょう》や御影堂《みえいどう》を建てて、怨霊が鎮まるように祈りを捧げました。ここには、崇徳天皇の妻・兵衛佐局が讃岐国から持ち帰ってきた崇徳天皇御遺愛《ごいあい》の八角の大鏡を譲り受けて、祀られています。

御廟は、幾度かの再建で室町時代まで存続しましたが、応仁の乱で廃絶しました。

幕末になって、崇徳天皇の神霊の還都が決まってからは、孝明天皇がここを再興して神霊を還すことになります。崇徳天皇の命日である八月二六日に、勅使を派遣して行うことがよいとされました。

ところが、計画が進むうちに、京都に新たに神社を建立する動きに方向転換します。清浄な地を選ぶため、議論を重ねた上に、京都御所近くの飛鳥井《あすかい》町に建立することになり

■「明治」の即位と改元

日程	明治天皇 勅使	明治天皇
8/26	白峯寺 （神霊式）	
8/27		即位礼
8/28 ｜ 9/6	讃岐国から 京都へ	
9/6	白峯宮 （還遷の儀）	
9/7		元号の御籤
9/8		改元

ました。

その後、計画通りに木作始《こづくりはじめ》や地鎮祭《じちんさい》、礎立柱《いしずえたてばしら》と神事が行われ、工事が遂行されていきます。しかし、礎立柱から一五日後の慶応二年（一八六六）一二月二五日、孝明天皇の急な崩御により、工事が一時中断します。

そして天皇の位に践祚《せんそ》した明治天皇が、孝明天皇の生前の意思を受け継ぎ、工事は再開され、無事、新宮の建設が完了しました。

予定されていた崇徳天皇の命日の前日二五日には、朝廷と新政府から選ばれた一行が坂出浦に到着します。明治天皇の勅使には、権大納言《ごんだいなごん》の中院通富《なかのいんみちとよ》、副使《ふくし》には左近衛権少将《さこんえのごんしょう》の三条西公允《さんじょうにしきんあえ》が選ばれていました。中院通富は、東山《ひがしやま》天皇の男系子孫であり、明治天皇の児童期に教育にあたった三卿《さんぎょう》です。三条西公允は、明治天皇の侍従《じじゅう》を務めた三条西季知《すえとも》の長男です。いずれにせよ天皇自身が信頼を置く重役が選ばれています。

守護には、高松藩の松平頼聰《まつだいらよりとし》を神霊御用掛《しんれいごようがけ》として、守護警備に当たらせました。

そして二六日の命日、明治天皇の勅使は、白峯寺で神霊式を行います。当日は、この地区では珍しい豪雨だったといいます。

この神霊式では、奉迎《ほうげい》の祝詞が奏上されました。式が終わると、神霊代として、御遺《ごい》真影《しんえい》（御霊）と崇徳天皇が愛用していた笙《しょう》（雅楽の管楽器）を神輿《みこし》に納め、御羽車《おはぐるま》で還御《かんぎょ》の途につきます。

御遺真影と共に運ばれたものが笙《しょう》とは、歌を愛していた崇徳天皇らしいものでした。二八日に讃岐国を出て、室津《むろつ》、姫路《ひめじ》、加古川《かこがわ》、明石《あかし》、西宮《にしのみや》、大阪《おおさか》を経由し、九月五日に京都の伏見《ふしみ》に入ります。

京都の人々は、崇徳天皇の還都を暖かく出迎えています。新宮に向かう道中に、献上物が届けられるなど、賑やかに華々しい道を作りました。人々は、怨霊から解放され、安らかな世になることを期待し、その歓びを感じていたのでしょう。

保元の乱に敗れた時は、みすぼらしい牛車に乗せられて武士に取り囲まれて船着場に向かい、船に乗り込むと外から鍵がかけられ、讃岐国に着くまでの一一日間、景色を見ることも許されず、まるで囚人の扱いでした。当時とは、正反対の対応でした。

九月六日に、新設した神社に到着します。勅使に選ばれた左近衛権中将《さこのえごんちゅうしょう》の油小路隆晃《あぶらのこうじたかてる》が参向して、神霊を京都に移す還遷《かんせん》の儀《ぎ》を行います。その頃、明治天皇は、宮中清涼殿《せいりょうでん》にて御拝《ごはい》します。

神社は、明治天皇により白峯宮《しらみねぐう》と命名されました。崇徳天皇が長年お座りになった白峯から名称をとりました

九月七日に宮中賢所《かしこどころ》で、明治天皇が元号の御籤《みくじ》をひき、「明治」の元号をひき当てます。九月八日、改元の詔にて、「明治」に改元したことを、内外に知らせます。宮中賢所とは、御所の中にある天照大御神《あまてらすのおおみかみ》をお祀りしている場所です。

こうして、七〇〇年前の怨霊を鎮め、改元しました。

改元後には、崇徳天皇同様に配流された他の天皇を京都にお迎えします。まずは、後鳥羽天皇、土御門天皇、順徳天皇の三天皇と後醍醐天皇以下南朝の神霊の還都をしました。そして淡路に追放となり天皇号すら剥奪されていた淳仁天皇には、改めて天皇号を贈り、崇徳天皇が眠る白峯宮に合祀《ごうし》しています。

ここで注目しておきたいのが、京都に歴代の天皇すべてが帰還するのは、即位礼や改元の後にしているということです。いかに、明治天皇にとって、崇徳天皇の存在が大きかったかを物語っています。

朝廷にとって王政復古や明治維新の本質は、崇徳天皇の御霊を京都に還すことでした。

また、改元は、即位礼の後にしなければならないという規定はありません。即位礼の

前に改元を行うという先例もありますが、「明治」の即位と改元においては、慰霊（和解をし）、還都（夢を叶え）、即位礼（朝廷の守護神になってもらい）、改元（新しい時をつくる）の順で行っています。

明治天皇自身が、崇徳天皇の神霊が還都せずして、改元はないということでしょう。

明治五年（一八七二）には、明治天皇が讃岐国に行幸し、丸亀《まるがめ》の行在所から崇徳天皇の眠る白峯御陵に向かって御拝しています。前日は大雷雨でしたが、御拝の時には不思議と晴れています。

なぜ、御籤だったのか

御籤をひいて決める改元方法は、「明治」が史上初でした。それどころか、後にも先にもこれ以外ありません。

新政府では、有栖川宮熾仁親王《ありすがわのみやたるひと》が総裁につき、副総裁の岩倉具視《いわくらともみ》が、行政全般と宮中の庶務《しょむ》を担当しました。元号についてもいくつか改革します。

まず、古来より行われてきた難陳《なんちん》での改元制定については、廃止します。難陳とは、勘申者《かんじんしゃ》が出したいくつかの元号候補を、有識者らが悪いと思ったものは論難《ろんなん》の「難《なん》」、いいと思ったものに関しては陳弁《ちんべん》の「陳《ちん》」の意見を出し合う会議です。改元難陳とも呼ばれています。

そこで、清原氏《きよはらうじ》や菅原氏《すがはらうじ》によって出された勘文《かんぶん》の中から、議定《ぎじょう》の松平慶永《よしなが》が、佳号《かごう》二、三を撰進《せんしん》して、そこから天皇自らによって御籤で聖択《せいたく》する方法が取られました。

岩倉具視は、改元については、天皇一世につき一元号の一世一元を提案します。これには、改元をすることで天皇の権威を示し、幕府の意図が尊重された改元を、天皇の手元に還すという意思もありました。

ところが、即位礼当日に改元するという岩倉具視の提案は採用されませんでした。おそらく朝廷が断ったのでしょう。

即位礼から一週間後に、御籤により、新元号がひき当てられました。

御籤は、神の御意思と考えられています。ここでいう神様とは、天照大御神などの皇祖神《こうそしん》であり、崩御して人から神となった歴代天皇であり、特には、朝廷の守護神として選ばれていた崇徳天皇でした。

崇徳天皇は、讃岐国に幽閉されたまま写経さえも京都に置かせてもらえないため「この写経は魔道に差し向けてやる」とか「大魔縁となって、皇を下民に落として、下民を皇にしてやる」と国を滅ぼす呪いの言葉を残していました。天皇の皇位継承者選びや改元さえ武家に支配され、崇徳天皇の怨霊に取り憑《つ》かれたようでした。

明治天皇がひいた御籤、すなわち、神の御意思は「明治」でした。

この元号の出典は、中国の古典『易経《えききょう》』にある「聖人南面而聴天下 嚮明而治」です。「聖人が南を向いて政治を行えば、天下は明るい方向に向かって治まる」という意味です。

都の南方には讃岐国があります。

明治二三年（一八九〇）の『教育ニ関スル勅語《ちょくご》』では「子は親に孝養《こうよう》を尽くし、兄弟姉妹は互いに力を合わせて助け合い、夫婦は仲睦まじく解け合い、友人は胸襟を開いて信じ合い、そして自分の言動を慎み、すべての人々に愛の手を差し伸べ……」と国の教育の方針を述べました。兄弟、親子で、家族や一族が、二つに割れた保元の乱に対する反省を暗示しているようでした。

崇徳天皇と和解をした上で、選んでもらった元号「明治」は、崇徳天皇の強い守護によって護られることになり、それまで最長だった「応永」の元号の三五年を大きく更新した四五年まで続きます。

籤《くじ》とは、神籤《みくじ》とも書き、神心《くじ》からきた言葉だといわれています。

日本の習わしでは御籤は、神の意思を問うための神事《しんじ》とされています。神の意を受けて、吉凶禍福《きっきょうかふく》、勝敗、順番など、物事を占う方法として広く用いられています。神社の初詣《はつもうで》では、おみくじをひいて運勢を占ったことがある人も多いのではないでしょうか。

このように御籤で元号を決める方法は、先例のないことでした。

しかし、孝明天皇の御代では、宮中の神事で、年に何度も籤の形式で御神意を窺っていました。特に、「慶応」の年間は、月に一度くらいの頻度で、神事の中で御籤をひき、神意を問うています。『明治天皇紀』には、

【慶応二年（一八六六）九月一五日】

「石清水八幡宮放生会を追行し、宮中に同宮献詠あり、又、抽籤のことあるを以て、親王、准后と倶に抽籤の員に加はりたまふ、」

とあるように、宮中で行われた石清水八幡宮《いわしみずはちまんぐう》の神事でも、籤をひいていたようです。ここで出てくる親王とは、のちの明治天皇のことです。

明治天皇の御代においても、践祚してから改元までの短い間にも、籤をひいています。

【明治元年（一八六八）八月一日】

「孟子の輪讀あらせられる、其の次第は鬮を以って順を定め」

【明治元年（一八六八）六月一五日】

「八坂神社臨時祭……内廷に於て女官等に籤の物を賜ふ」

ここにある「鬮《くじ》」と「籤《くじ》」は、同じクジですが、順番を選択する時には「鬮」の字、神事として神意を窺う時には「籤」の字で書き分けています。

「明治」の元号を決める際のクジは、「御籤を抽《ひ》き、年号の字を聖択したまふ」と神意を問う意味の「籤」の字を使っています。

幕末、孝明天皇は攘夷祈願として、文久三年（一八六三）に賀茂社《かもしゃ》へ行幸したのち、石清水八幡宮に行幸するなど、朝廷とは深い結びつきがありました。「明治」の改元でも、石清水八幡宮の御籤の方式で行われていた可能性も考えられます。

石清水八幡宮の御籤の方法を知る手がかりとして、室町時代の応永三五年（一四二八）には、四代将軍・足利義持《よしもち》が、次代の将軍を決めないまま、危篤《きとく》状態になり、御籤をひいて将軍を決めるということがありました。

籤の方法は、候補者四人の名札を入れた封筒を用意し、個別に封印し、さらに大きな袋に封入し、二重封印の籤を用意します。

さらに、上紙で厳重に包んだ上に、継目《つぎめ》に花押《かおう》を書き、中身が分からない状態で、開けることも透かすことも出来ない籤を作り、そのうちの一つを、ひき当てるという方式です。

この時に選ばれたのは五男の義教《よしのり》でした。周囲からは「籤びき将軍」と揶揄《やゆ》されましたが、終わってみれば、どの将軍もなし得なかった強い幕府を作ることに成功しました。将軍選びの御籤は吉と出ました。

光格天皇の御代には、朝廷が石清水八幡宮に勅使参拝するなど、結びつきが深くなっていました。そこで御籤によって決めるという選択肢が生まれたと考えても何ら不思議なことではありません。

「明治」の御籤が、どういう形式をとったのか、明らかにされていませんが、「応永」の将軍選びは一つの参考にはなります。

神《かみ》、髪《かみ》、上《かみ》など、カミという言葉には、尊いものや上方のものという意味があるため、紙《かみ》をひき当てる方法を選んだのではないかと推測できます。

また、天皇自らが元号を御籤でひくことにより、神の御意思を窺うという意味合いの他にも、改元権が武家から天皇に戻ったことの証明になりました。

ここで、小倉百人一首にも登場する崇徳天皇が詠んだ和歌を紹介します。

「瀬を早み　岩にせかるる　滝川の　われても末に　あはむとぞ思ふ」

（川に流れる水が岩にぶつかって別れてもすぐに一緒になるように、いまは別れてもまたいつか会えると信じている）

これは、京都にいた頃の歌です。保元の乱で皇統が二つに割れましたが、「われても末に　あはむとぞ思ふ」と詠んだ崇徳天皇の願いが、明治天皇による御霊の還都と改元によって叶《かな》いました。

天皇一代、元号一つ

御籤で選ばれた元号は、翌日、明治天皇の詔《みことのり》として内外に伝えられます。改元の詔とも一世一元の詔ともいわれます。

【改元の詔】

詔、体太乙而登位、膺景命以改元、洵聖代之典、型而万世之標準也。朕雖否徳、幸頼祖宗之霊、祇承鴻緒、躬親万機之政、乃改元欲与海内億兆更始一新。其改慶応四年為明治元年、自今以後、革易旧制、一世一元以為永式。主者施行。

大意は「天皇として即位したことにより、改元をします。祖宗《そしゅう》の霊によって、天皇の親政を行い、日本国民とともに、何事も一新して始めようと思います。慶応四年は改めて、明治元年とします。今後は、古い制度をかえて、一世一元を永式《えいしき》とします」です。

ここには、「祖宗の霊」という言葉があります。本来は、「祖先の天皇の霊」という意味です。

しかし、詔が出された当初、崇徳天皇を除く、京都以外で崩御した天皇の御霊の還都はまだ行われていませんでした。ここでの祖宗の霊とは、かならずしも歴代すべての天皇という意味ではなく、崇徳天皇を強く意識していると思われます。

元号については、新たに定められたことが読み取れます。

「明治」の後の「大正」「昭和」の改元の際の、天皇による詔は、明治天皇による改元の詔を踏襲《とうしゅう》しています。

【大正改元の詔】

朕菲徳ヲ以テ、大大統ヲ受ケ、祖宗ノ霊ニ誥ケテ萬機ノ政ヲ行フ。茲ニ先帝ノ定制ニ遵ヒ、明治四十五年七月三十日以後ヲ改メテ、大正元年ト為ス。主者施行セヨ。

【昭和改元の詔】

朕皇祖皇宗ノ威霊ニ頼リ、大統ヲ承ケ萬機ヲ總ス。茲ニ定制ニ遵ヒ元號ヲ建テ、大正十五年十二月二十五日以後ヲ改メテ、昭和元年ト為ス。

「祖宗ノ霊」「皇祖皇宗ノ威霊」という言葉を用いています。この頃には、京都以外の異国の地で崩御したすべての天皇の還都は達成しているので、崇徳天皇に限らず、歴代すべての天皇のことを指していると思われます。

また、改元の詔の中に「元号を改め、何事も一新して始めよう」とあるように、「明治」への改元以降、大改革が始まります。

帯刀を禁止した廃刀令《はいとうれい》により、武家の特権を剥奪します。新政府の中にも方針に反発する人も現れ、それらが結びついて各地で反乱が起きます。その際たるものが、西郷隆《さいごうたか》盛《もり》が起こした「西南《せいなん》戦争（明治一〇年・一八七七）」でした。

西郷隆盛の自害により戦争は終わりますが、以降、自由民権運動が盛んになり、武家の時代は完全に終わりました。武家が朝廷に政治の実権を返すと宣言した大政奉還から、武家と朝廷の歪《ゆが》みが解消された西南戦争までの一連の政治改革を、一般的には明治維《い》新《しん》と呼んでいます。

明治天皇のこころは直島へ

崇徳天皇は、讃岐国の白峯で語られることが多いですが、明治天皇の勅使も直島を訪れ、崇徳天皇神社を参拝しています。

『直島町史』には、明治天皇が直島に勅使を派遣したことが記録されています。

西暦一八六八（明治一）年

崇徳院還都の勅使直島に泊まり、天皇神社に参拝する、八月二八日。

崇徳天皇還都を孝明天皇に進言してきたのが、国学者《こくがくしゃ》・中瑞雲斎《なかずいうんさい》でした。和泉国日根郡《いずみのくにひねぐん》（現・大阪府熊取町《くまどりちょう》）の郷士《ごうし》の生まれです。神道学や怨霊思想を研究していた平田篤胤《ひらたあつたね》を中心とする平田派《ひらたは》の国学者です。

中瑞雲斎は、崇徳天皇の還都の立役者《たてやくしゃ》となり、讃岐国や朝廷に進言し奔走《ほんそう》します。白峯よりも、むしろ、直島こそ重要な崇徳天皇の拠点だと考えていました。

『古事記』『日本書紀』によると、崇神《すじん》天皇の御世に疫病が蔓延《まんえん》した時に、崇神天皇の子孫が祭主となって怨霊を祀ることで、疫病がやんだと書かれていました。それを参考に、崇徳天皇の子孫を探して、鎮魂する必要があると考えます。

そのため、文久二年（一八六二）に、他の国学者を伴って、讃岐国に出向き、崇徳天皇が埋葬された白峯の旧跡などを調査する旅に出ました。しかし、思ったような成果が上がらずに帰路につくことになります。

ところが、図らずしも、瀬戸内海で逆汐《ぎやくしお》となり、直島に漂着します。そこで、崇徳天皇の末裔《まつえい》とされる三宅《みやけ》家と出会います。代々崇徳天皇神社の神官を務める家系でした。

中瑞雲斎は、この運命的な出会いを崇徳天皇の導きと考えます。

三宅家当主の三宅源左衛門《げんざえもん》の父・三宅多門《たもん》との出会いが、崇徳天皇の還都に大きな影響を及ぼします。

文久三年（一八六三）に、中瑞雲斎はここでの調査結果をまとめた『窓廼独許登《まどのひとりこと》』を、建白書《けんぱくしょ》とともに朝廷に奏上します。

国内の混乱を生むことになった、ペリー率いる黒船来航は、崇徳天皇の怨霊の仕業だと、朝廷に進言したのです。朝廷が権威を回復するのには、讃岐国に配流したまま、納経さえも拒否され、そのまま放置されている崇徳天皇の御霊を慰霊した上で、還都を果たさなければならないと訴えます。

建白書には、「絶海の孤島に閉じ込められたままの天皇」という表現があり、山の白峯ではなく、瀬戸内海に浮かぶ直島ということが、強く意識されています。

国家鎮護と皇威回復は、同時に進められるべきだ、と考えていた孝明天皇の支持を得ることができます。朝廷によって、計画が進められますが、ただ迎え入れるというものではありませんでした。

崇徳天皇は怨霊となって、国家転覆《てんぷく》を目論んでいた悪神と捉えられていましたので、逆に、善神になって朝廷の味方となってもらおうとします。ゆく先には、怨霊の鎮魂が国家の守護になり、攘夷の実現と結びつくというものです。神霊の絶大な力によって守護してもらおうと考えました。

中瑞雲斎は、祭祀や神祇官から国事御用掛に任命されて、以来五年かけて崇徳天皇の神霊還都への運動を行います。それは慶応四年（一八六八）八月二六日に、白峯での慰霊から始まります。

武士よりも格下の郷士でありながら、朝廷の最重要の国事にまで影響を及ぼした根気は凄まじいものでした。

崇徳天皇の還都の翌年、「開国して日本をキリスト教化しようとしている」という事実無根の噂が流れていた横井小楠《よこいしょうなん》が暗殺される事件が起こります。この事件に、中瑞雲斎が支援者として加わったという罪を問われ、さらに政府転覆計画にも関与したとされて、終身禁獄の刑となり、獄中死《ごくちゅうし》を遂げます。

白峯宮の初代宮司には、讃岐国にある白鳥《しらとり》神社の神職《しんしょく》・猪熊夏樹《いのくまなつき》がつきました。中瑞雲斎は当初、三宅多門の神官への登用を進言していましたが、高齢を理由としてその息子の三宅源左衛門が、明治二年（一八六九）に神官に命ぜられました。明治六年（一八七三）には、三宅源左衛門に代わって、その息子の三宅方三郎《かたざぶろう》が神官につきます。三宅家は、士族《しぞく》に名を連ねるようになります。

明治四年（一八七一）に始まった廃藩置県《はいはんちけん》では、藩を廃止して、中央政庁管轄の府と県に一元化します。これにより、大名が支配していた封建制度がなくなり、県と県とが対等である行政革命が起こり、七五府県が誕生します。

以降一七年ほどかけて、合併したり分離したり、調整が行われます。明治二一年（一八八八）に愛媛県から分離する形で、最後の県として香川県が誕生して、今の四七都道府県（当時は東京府）の区画ができあがります。

直島では町村制の施行により、直島村が誕生します。初代直島村長には、三宅方三郎の兄・三宅蝺吾《しゅんご》が選出されました。

その後、昭和末期から平成に至るまで、三宅親連《ちかつぐ》が九期三六年もの間、直島町長で長期政権を築きます。三宅家は、神官の家系で、政教分離の原則により、神官（島の祭り主）を息子に譲り、父が町長（島の元首）を務めていました。

つまり崇徳天皇の末裔によって、昼の祭事（まつりごと）と夜の政（まつりごと）が、行われていたということです。この構造は、平安時代の崇徳天皇の御代に、都で行っていた政治体系そのものでした。平安時代の院政さながらです。

平安時代は、天皇は祭事と政の二つの「まつりごと」をする存在でした。神様を祀る祭事と、政治を動かす政事、本来は、祭政一致として同時に行うことです。院政などで、しだいに天皇が祭事を行い、上皇が政を行うようになり、朝廷内で分離していきます。その政の部分は、鎌倉時代に武家に奪われてしまいました。

「平成」においても、天皇の末裔によって、院政に近いことが行われていたことは、驚くべきことです。

皇紀と新暦の導入

明治維新とは、武家政権が朝廷に政治の権限をすべて返す「大政奉還」、建国以来朝廷の原点に立ち返る「王政復古」、西洋の文化を受け入れ、近代化を進めた、いわゆる「明治維新」です。これらを、同時に行った大改革でした。

海外では明治維新のことは、革命の Revolution（レボリューション）ではなく、復元を意味する Restoration（レストレーション）を用いて、Meiji-Restoration と訳されます。王政復古や大政奉還の意味で理解されています。

王政復古、大政奉還、いわゆる明治維新の三つは、それぞれ年号や暦に影響を及ぼすようになります。意外なことに、西暦を導入する動きはみられませんでした。

王政復古では、西暦のようにひと続きの日本建国の原点から算出する年号「皇紀」が作られます。大政奉還により、国に皇室の威信を示すために、元号については「一世一元」を採用しました。いわゆる明治維新では、異国との交渉事に同じ日付を必要としたため、「太陽暦」を導入します。

「明治」が革新だけなら、西暦を採用していたかもしれませんが、建国にまで立ち返り、欧米列強に打ち勝つ強い国づくりを目指しましたので、西暦のように途切れないひと続きの日本独自の年号を使おうと、神武天皇即位を紀元とした「皇紀」が作られました。神武天皇即位を紀元とすることは、すなわち日本建国を紀元とすることです。『日本書紀』に基づき、革命が起こるとされる辛酉年の神武天皇の即位を基準として起算しています。

皇紀が定められたのは「明治」でしたが、『日本書紀』の編纂《へんさん》以来、初代天皇の神武天皇が即位してから、日本が建国されたという認識は、一貫して変わりませんでした。

明治五年（一八七二）に皇紀を定め、翌六年に旧暦の元日である二月一一日を建国の起源の日として紀元節《きげんせつ》を定めました。現在では「建国記念の日」として二月一一日が祝日として残っています。

皇紀は、令和元年（二〇一九）においても使用されています。閏年を定めた法律は皇紀を元に算出される法律で、当時から一度も改定されずに現在に至ります。皇紀は、国が公的に使用している年号です。

明治三一年（一八九八）の法令「閏年ニ関スル件」は、閏年について定められており、また閏年の判定は、皇紀によって行うことが書かれています。

①神武天皇即位紀元年数（皇紀年数）を四で割って、割り切れる年を閏年とする。

②ただし、皇紀年数から六六〇を引いて一〇〇で割り切れる年で、かつ一〇〇で割った時の商が四で割り切れない年は平年とする。

と皇紀に書かれていますが、先の章で記載したグレゴリオ暦と内容は全く同じです。令和元年は皇紀二六七九年です。翌年は、皇紀二六八〇年で、六六〇を引くと西暦と同じ二〇二〇年になります。事実上、西暦から閏年を判定する方法と同値になります。

異国の宗教にのみ込まれることを嫌ったため、皇紀に基づいて、世界基準と同じ時に閏年をもうけています。

令和元年に至っても、この法律は有効です。元号は公的に認められていて、皇紀は有効です。西暦は、元号や皇紀に比べ優位性は低く、日本国憲法の政教分離の観点からも、今後も国が西暦を使用することはないでしょう。

また、閏年が訪れる年は、夏季オリンピックの年と重なることがほとんどなので、オリンピックと合わせて、閏年を覚えている人が多くいると思います。

旧暦改め、新暦へ

皇紀の導入が採用されると同時に、太陽暦が採用されることになりました。カトリックのローマ法王による暦だったため、プロテスタントや正教会《せいきょうかい》の国では、広がるのに時間がかかりました。背景には、キリスト教で一番大きなお祭りの復活祭の日が、カトリックの日になることを嫌ったためです。

とはいえ、三年に一度、閏月を差し込むユリウス暦よりも、太陽年と合致し、日付と季節が合致するグレゴリオ暦は、利にかなう暦でした。グレゴリオ暦は、一年の平年を三六五日として、およそ四年に一度閏年をもうけるものでした。

世界では、この暦を導入する国が増えていました。

皇紀採用と同年の「改暦《かいれき》ノ布告《ふこく》(明治五年・一八七二)」で、日本が導入した暦は、閏年のない独自の太陽暦でした。グレゴリオ暦をそのまま導入したものではありません。

アメリカなどが使用しているグレゴリオ暦と日付を合わせるために作られたものですが、閏年の規定がないものでした。

そこで「閏年ニ関スル件（明治三一年・一八九八）」によって、西暦ではなく皇紀にて算出する方法が取られます。

少々、歪《いびつ》ではありますが、キリスト教の暦をそのまま導入していない、日本独自の暦が完成しました。暦をもらうというのは、時を支配される意味もありますから、国として、キリスト教の暦、それに西暦などを使用することを嫌ったと思われます。

日本が、太陽暦以前に使っていた暦は、「天保暦《てんぽうれき》（正しくは天保壬寅元暦《てんぽうじんいんげんれき》）」と言います。これは、太陰太陽暦です。

鎖国をしている時には、キリスト教の内容を含むものは輸入していませんでしたから、カトリック由来のグレゴリオ暦は江戸時代に日本に入ってくることはありませんでした。

ただし、オランダの西洋文化は許可していましたから、天保一二年（一八四一）に幕府は、天文学者の渋川景佑《しぶかわかげすけ》に、フランス語でかかれた当時最新の天文書を訳した『新巧暦書《しんこうれきしょ》』をもとに新しい暦法を作成することを命じ、翌年に完成します。

これは、幕府が終わり開国した明治五年（一八七二）まで四〇年近く使われます。

天保暦とユリウス暦は、同じ太陰太陽暦で、一年間の日数は大きく変わりませんが、日付が少し違います。定めた基準日が異なるためです。

世界の基準と暦にずれが生じていたので、この誤差をなくすために太陽暦を導入しました。天保暦の明治五年（一八七二）は一二月二日で切り上げ、翌一二月三日を太陽暦の正月一日にしました。

一般的に、天保暦を旧暦といい、太陽暦を新暦と呼んでいます。

天保暦は太陰太陽暦なので、一年が三五四日で、太陽暦とは一年で一一日ずれます。およそ三年に一度、閏月を設けて調節していました。

実際のところは、太陽回帰年の三六五・二四二一九日に対して、天保暦の太陽年は三六五・二四二二二日であり、グレゴリオ暦の一年平均三六五・二四二五〇日よりも誤差が小さく正確性がありました。

天保暦とグレゴリオ暦は、閏年の入れ方が異なります。天保暦はおよそ三年に一度一か月を足しますが、グレゴリオ暦は、およそ四年に一度一日を足します。

よって天保暦は、一年一二か月の年と一三か月の年があり、不平等条約の是正《ぜせい》など外国との交渉での使い勝手の悪さから使用をやめ、西洋基準に合わせました。

太陽暦を明治五年（一八七二）の翌年から採用とした理由は、同年が一三か月ある閏年の予定だったため、一二月分と、閏月分を合わせて二か月分の役人の給料を削減するためです。政府の財政難《ざいせいなん》を少しでも軽減しようとする大隈重信《おおくましげのぶ》の策略でした。

改暦の布告は、公表日の一週間後を突如として正月一日とするものでしたから、行政書簡では、伊勢神宮が公布している「神宮暦《じんぐうれき》」を併記するなどの対応をとりました。

また、新暦導入と同時に昼夜それぞれ一二時間、一日二四時間制を取り入れました。何月、何日、何曜日、何時、何分、また祝日という今の指標は、この時に取り入れられたものです。

よく天気予報で耳にする「暦の上では……」の暦とは、天保暦に二十四節気を当てた暦のことをいいます。二十四節気は、季節を表すために、一年をほぼ一五日ずつに分けたものにすぎません。明治以前は、日付で季節がわかるように、日付を表す太陰太陽暦と、季節を表す二十四節気を組み合わせていた名残です。

■改元と天皇系図【江戸～東京時代】

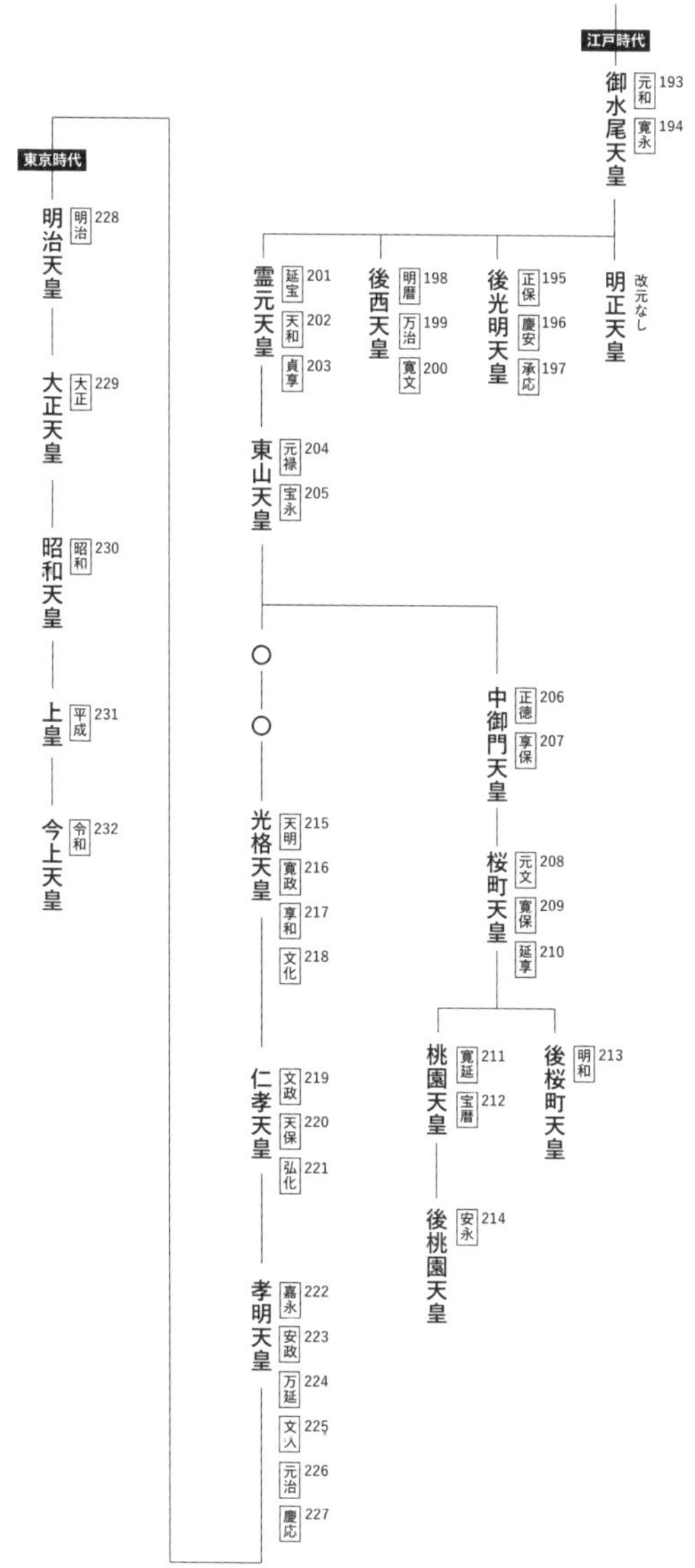

第四章

新元号は令和

天皇と、三種の神器が揃う年

平成三一年（二〇一九）四月三〇日に上皇陛下が譲位し、翌日の令和元年五月一日に皇太子殿下が、今上天皇として即位しました。

上皇陛下が平成二八年（二〇一六）八月に、高齢を理由として天皇の位を譲位することを望んだとも受け取れる「象徴としてのお務めについての天皇陛下のおことば」をお述べになったことがきっかけでした。

国内では、憲法を改正すべきか、皇室典範を改正すべきか、特別措置法《とくべつそちほう》を制定するかなどの意見が交わされた末、平成二九年（二〇一七）六月「天皇の退位等に関する皇室典範特例法」が成立し、譲位することが決まりました。

平成三一年（二〇一九）三月、最初の譲位の儀式「退位及びその期日奉告《きじつほうこく》の儀」が、皇祖とされる天照大神を祀る賢所《かしこどころ》、歴代天皇と皇族が祀られている皇霊殿《こうれいでん》、国中の神々が祀られている神殿の宮中三殿《きゅうちゅうさんでん》で行われ、四月には、譲位を皇祖神の天照大御神に報告する「神宮に親謁《しんえつ》の儀」が行われました。

そして平成三一年（二〇一九）四月三〇日の「退位礼正殿《たいいれいせいでん》の儀」をもって譲位し、新天皇が受禅《じゅぜん》して即位しました。

新天皇として即位した日をもって、元号が「平成」から「令和」に改められました。この元号は、次の代替わりまで使うことになります。現代では、元号と天皇の在位は切り離せない関係になっています。

誠に不敬《ふけい》にも、万一のことがあった場合、「明治」以降の先例にならって上皇陛下には、在位中の元号だった「平成」が追号として贈られることでしょう。

新天皇の今後の日程は、左記のようになります。

令和元年、五月一日、改元、剣璽等承継《けんじとうしょうけい》の儀、即位後朝見《そくいごちょうけん》の儀
令和元年、一〇月二二日、即位礼正殿《そくいれいせいでん》の儀、祝賀御列《しゅくがおんれつ》の儀
令和元年、一〇月二二日～、饗宴《きょうえん》の儀
令和元年、一一月二三日、大嘗宮《だいじょうぐう》の儀
令和元年、一一月二七日頃、親謁の儀（豊受大神宮《とようけだいじんぐう》）
令和元年、一一月二八日頃、親謁の儀（皇大神宮《こうたいじんぐう》）

剣璽等承継の儀によって、天皇から皇位継承順位第一位の皇子へ、三種の神器が継承されます。これにより、継承者の皇統が正統のものとして認められ、新しい天皇が誕生します。

三種の神器は、天皇が正統である証とされる三つの宝物のことを言います。普段は、その形代が、宮中に保管されています。

三種の神器のうちの天叢雲剣《あめのむらくものつるぎ》（剣《けん》）と八尺瓊勾玉《やさかにのまがたま》（璽《じ》）、それに加え、国の印鑑である国璽《こくじ》と、天皇の印鑑である御璽《ぎょじ》が継承されます。なお八咫鏡《やたのかがみ》（鏡）は、儀が行われる宮中賢所に御神体として安置されているので、動くことがないため「三種の神器承継の儀」ではなく、「剣璽等承継の儀」と鏡を含んでいない呼び方をします。

ただし、ここで継承されるものは、八尺瓊勾玉以外は形代《かたしろ》です。天叢雲剣の実物は熱《あつ》田《た》神宮、八咫鏡は皇大神宮（伊勢神宮の内宮）の御神体となっているためです。

八咫鏡は、実物も形代も、基本的に動くことはありませんが、実物は、二〇年に一度の神宮式年遷宮の遷御《せんぎょ》の儀の際に限って、旧殿から新殿へ渡御《とぎょ》することにより動きます。

実物の三種の神器がすべて揃う事は、主に二つの場合があります。

ひとつは即位礼の後の「親謁の儀」と、神宮式年遷宮の遷御の儀の後の「御親拝《ごしんぱい》」です。

いずれも皇大神宮への行啓《ぎょうけい》の時です。天皇とともに、宮中から剣と璽が持ち出され、鏡の安置されている皇大神宮に着くことで、天皇と三種の神器が揃います。これを剣璽御《けんじご》動座《どうざ》といいます。

今上天皇におかれましては大嘗祭《だいじょうさい》の後に、即位の礼を終えたことを神宮に奉告する「親謁の儀」において剣璽御動座が実施される予定です。上皇陛下の即位時の日程から推測して、おそらく令和元年一一月だと思われます。

ここで、今上天皇の御代において初めて、実物の三種の神器が揃います。

その次は、伊勢神宮の神宮式年遷宮が行われる令和一四年一〇月以降（おそらく令和一五年三月）まで、天皇と三種の神器が揃うことはないと思われます。

上皇陛下の場合は、平成二年（一九九〇）の即位後、平成六年（一九九四）と平成二六年（二〇一四）の神宮式年遷宮、譲位前の計四回でした。

西暦二〇一九年は、平成三一年四月の上皇陛下、令和元年一一月の天皇陛下と二度、天皇と三種の神器が揃う貴重な年になりそうです。

平安時代には、安徳天皇が三種の神器のうちの二つ、剣と璽をもって、京都から西国に逃げたため、後鳥羽天皇が三種の神器が揃わないまま即位したことがありました。

安徳天皇の入水後、剣は海に沈んだまま見つからず、伊勢神宮の剣の中から一つが選ばれ、これを正式な剣としました。以降は、それを正式な三種の神器として継承しています。

南北朝時代に、天皇が二人の時代がありましたが、南朝の天皇が正式な三種の神器を持っていたことから、「明治」には南朝のみを正統とすることに至っています。

二〇〇年ぶりの譲位

平成三一年・令和元年（二〇一九）に譲位が行われましたが、崩御を伴わない譲位は、二〇〇年ぶりのことでした。

今上天皇の嫡流《ちゃくりゅう》は、上皇陛下、昭和天皇、大正天皇、明治天皇、孝明天皇、仁孝《にんこう》天皇、そして光格《こうかく》天皇まで遡ります。現在の皇室は、光格天皇の直系にあたります。

第一一八代の後桃園《ごももぞの》天皇から、第一一九代の光格天皇へは、七親等も離れた代替わりでした。その経緯を振り返ります。

江戸時代後期の宝暦《ほうれき》一二年（一七六二）に桃園《ももぞの》天皇が崩御しましたが、息子の英仁《ひでひと》親王（のちの後桃園《ごももぞの》天皇）はまだ四歳と若く、中継ぎとして、異母姉である智子《としこ》内親王が後《ご》桜町《さくらまち》天皇として即位しました。後桜町天皇は、現在までの最後の女性天皇となりましたが、女性天皇即位のすべての事例は、男系を継承するために設けられた男系女子による中継ぎでした。

英仁親王が一三歳になると、後桜町天皇が譲位し、後桃園天皇として即位します。叔《お》母《ぼ》から甥《おい》へ継承された唯一の事例でした。

ところが、後桃園天皇が病気がちで二十歳《はたち》で崩御しました。子どもは娘しかいなかったため、急遽《きゅうきょ》、高祖父《こうそふ》（祖父の祖父）の代にまで遡ります。もともと出家して京都の聖護院《しょうごいん》を継ぐことになっていた九歳の閑院宮師仁親王《かんいんのみやすけひと》を、後桃園天皇家に養子として迎え入れます。

そして閑院宮師仁親王が、安永《あんえい》八年（一七八〇）、皇統の緊急事態によって、光格天皇として即位しました。

当時、幕府が朝廷を統制する制定法があり、朝廷は政治的なことを発言することは許されていませんでした。

そうした状況の中で、途絶えていた朝儀《ちょうぎ》の再興や、朝廷の権威回復に努めました。

近代史上最大といわれる飢饉《ききん》「天明《てんめい》の大飢饉（天明二年・一七八二）」では、民衆が政治権限のなかった天皇の住む御所にまで、事態の収拾を懇願しにくるまでになります。

そして、天皇は幕府に救済を申し入れ、それが聞き入れられました。これが朝廷の威信が回復するきっかけとなり、のちの孝明天皇によって幕府への影響力が回復したことは、先にも述べた通りです。

また、平安時代の村上《むらかみ》天皇以来、九〇〇年途絶えていた諡号を贈ることを復活させたのも光格天皇でした。それまでは、何々院と呼ばれていたものを、歴代天皇に天皇号を贈るようになりました。明治天皇以降は、元号が追号として贈られています。

文化《ぶんか》一四年（一八一七）、光格天皇は息子の恵仁《あやひと》親王に譲位し、仁孝《にんこう》天皇が即位します。それに伴い、光格天皇は太上《だいじょう》天皇（上皇）になりました。

平成三一年・令和元年における譲位は、この時以来でした。

現在の皇室は、この頃と似たような状況にあります。天皇が譲位したことと、皇位継承者が数少ないという点です。

令和元年現在、皇位継承資格者は、御三名に限られています。

皇位継承順位三位の常陸宮正仁《ひたちのみやまさひと》親王殿下は、昭和天皇の第二皇子、そして上皇陛下の弟宮であり、現在八三歳です。八五歳で高齢により譲位なさった上皇陛下の事例を考えても、皇位を継承する可能性は低いと思われます。

実際のところは、皇位継承は皇嗣《こうし》殿下と悠仁《ひさひと》親王殿下の二名しか確定していません。悠仁親王殿下の家系に男のお子さまを授かることを願うしかありませんが、まだ一二歳とお若くご成婚の見通しも立っていない状況です。

女性皇族が新たに宮家を設立して、その系譜で継承していくという女性宮家設立の議論がありますが、そうなれば、二〇〇〇年以上、一二六代続いてきた男系による継承が途絶えることに繫《つな》がりかねません。

ただ幸いにして、先の大戦（第二次世界大戦）後に皇籍からの離脱を強いられた一一宮家のうち、男系の血筋を引く方々がいらっしゃるようです。

光格天皇の例にならって、旧宮家から男系の血筋を引く男のお子さまを皇室に養子として受け入れるという方法をとれば、自然な形で国民に受け入れられるのではないかと思います。

東京オリンピックと天皇

江戸時代、江戸幕府の象徴でもあった江戸城が新政府に明け渡される「江戸《えど》開城《かいじょう》（慶応四年・一八六八）」が行われます。京都の他に、東京にも御所を設ける「東西両京《とうざいりょうけい》」の方針をたて、江戸を東京と改称します。

「明治」への改元の直後に、明治政府の副総裁の岩倉具視や、議長の中山忠能《なかやまただやす》をはじめ、総勢三三〇〇人の警護を連れて東京へ行幸しました。

東京への到着後すぐに、江戸城を皇居に定め、東京城《とうけいじょう》に名称を改め、天皇自らが親政を行う万機親裁《ばんきしんさい》の宣言をします。およそ五〇〇年ぶりの天皇親政でした。

以降、行政機関が次々と京都から東京に移管し、日本の首都が東京に代わります。

明治政府が樹立する前に結んだ不平等条約「安政の五カ国条約（安政五年・一八五八）」により、日本は関税で苦しめられました。その後、不平等な内容を撤廃する形で、新しく「日米通商航海条約《にちべいつうしょうこうかいじょうやく》（明治四四年・一九一一）」（通称、小村《こむら》条約）が結ばれ、欧米列強と対等な条件で貿易が行えるようになりました。その翌年、明治天皇は五九年の生涯を閉じました。

その後日本は、アメリカ・イギリス・フランス・ドイツと共に、世界の五大国《ごたいこく》にまで上り詰め、昭和一五年（一九四〇）開催の東京オリンピックの招致に成功します。明治天皇を祀る明治神宮の外苑《がいえん》などが、主会場として計画されます。

ところが、中華民国との間で「盧溝橋《ろこうきょう》事件（昭和一二年・一九三七）」が起こり、それを発端として「支那事変《しなじへん》」が起こります。その影響から、オリンピック開催を返上します。

この事変は大規模な戦闘に発展し、中華民国を支援していたアメリカやイギリスとの間に軋轢《あつれき》を生み、日米は対立することになります。

そして、昭和一五年（一九四〇）七月二六日、アメリカは日米通商航海条約の破棄を宣言し、ガソリンや石油製品などに、制限や全面禁止の措置をとる経済制裁を科します。

これで、日米との開戦が、避けられない状況になります。

幕末の黒船来航の時と同じように、異国の脅威《きょうい》を払うために天皇にできることは、祈ることでした。

昭和天皇は、神社の格式を最高位に上げる「神宮号宣下《じんぐうごうせんげ》」をします。

これにより昭和一五年（一九四〇）八月一日、崇徳天皇をお祀りする白峯宮が格上げされ、国を守護する「白峯神宮《しらみねじんぐう》」が誕生します。

神宮とは、神社の中で最も格式が高い官幣大社《かんぺいたいしゃ》のことです。古くは神宮（伊勢神宮）、鹿島《かしま》神宮、香取《かとり》神宮の三社だけが神宮を名乗ることが許されていた特別な神社です。「明治」には、崇徳天皇を味方につけ戊辰戦争に勝ち、日清《にっしん》戦争、日露《にちろ》戦争と列強を打ち破っていました。避けられなくなった大戦を、崇徳天皇の強い力により、国を守護してもらおうとしたことがわかります。

明治天皇によって京都に御霊が還るまで、七〇〇年もの長い年月、遠い海の讃岐国に幽閉されて怨霊として忌み嫌われた崇徳天皇が、神宮号の称号を得て、一気に、国の守護神に上り詰めます。また、安徳天皇を祀る赤間《あかま》神宮も同じく神宮号を得ています。

瀬戸内で命を落とした二人の天皇は、国の護り神になりました。

しかしながら、昭和二〇年（一九四五）に、広島と長崎に二つの原爆が落とされ、ポツダム宣言を受諾《じゅだく》することにより、四年にわたる長い戦争は終結します。

先の大戦によって、日本は焦土《しょうど》と化しますが、GHQの占領を脱した七年後に、欧米の三か国に圧倒的大差をつけて、昭和三九年（一九六四）の東京オリンピック招致に成功します。アジアで初のオリンピック開催でした。

着々とオリンピックの準備が進められます。

一〇月一〇日の東京オリンピック開幕目前、新幹線が開通します。京都から東京への遷都に当たって計画された、東京と京都を結ぶ鉄道計画は、新橋－横浜を結ぶ鉄道の開通から始まり、明治二二年（一八八九）には、東京－神戸が開通していました。

昭和三九年（一九六四）一〇月一日、新幹線の開通により、東京－大阪が四時間にまで短縮されました。

またこの年は、崇徳天皇の崩御から八〇〇年の年でした。

オリンピック開会式前の九月二一日に、白峯寺の御陵《ごりょう》で「八百年御式年祭」が催されました。

昭和天皇の勅使には掌典《しょうてん》の正親町公秀《おおぎまちきんひで》が選ばれ、昭和天皇の弟宮・高松宮宣仁《たかまつのみやのぶひと》親王や宮内庁次官らが出席して崇徳天皇の霊を鎮めました。

驚くことに、当日、白峯山麓《さんろく》の坂出市の林田《はやしだ》小学校が午前零時に出火して全焼します。鎮火して間もない未明、突然の物凄い豪雨をともなう雷鳴があたりに鳴り響いたそうです。香川県は、日本でもっとも雨が降らない地域で、この年は旱魃《かんばつ》でした。

オリンピックの開会宣言は、国家元首たる昭和天皇が行い、大成功を収めた大会となりました。

令和二年には、二回目の東京オリンピックが開催されます。夏季オリンピックを二回開催する国は、アジアでは日本が初めてです。

今回は、崇徳天皇の式年祭の年には当たらないため、今上天皇による慰霊祭は行われない可能性が高いです。

白峯神宮は今、蹴鞠《けまり》の宗家《そうけ》である飛鳥井《あすかい》家の屋敷の一部に建てられた土地柄の縁もあり、現在スポーツの神様として多くの参拝者をお迎えしています。

スポーツの神社であること、神社の格式が最高位になったことを考えると、令和二年の東京オリンピックでも、勅使による参拝が、全くないとも言い切れない気がします。

また令和二年大会は、日本の都市鉱山から産出される金・銀・銅を使うというオリンピック史上初となる試みが行われる大会です。都会に埋れている電化製品から採掘するというものです。

この背景には、昭和期に香川県の豊島《てしま》に、一〇〇万トンもの産廃が不法に投棄された事件があります。これを香川県が責任をもって処理することになりましたが、処理は豊島の隣の直島にある工場がすべて請負います。そして産廃の中から、金・銀・銅・鉛《なまり》・

亜鉛《あえん》など、貴重な金属を産出し、リサイクルすることに成功していました。

これを機に、環境庁から環境省に格上げされ、環境立国として、日本が世界を主導して、リサイクルに取り組むようになりました。

直島が取り組んできた世界屈指のリサイクル事業が、東京オリンピックのメダルという形で、世界に届けられます。

令和元年は、崇徳天皇の誕生から九〇〇年です。前年は崇徳天皇が京都に還ってきてから一五〇年でした。崇徳天皇と深い縁のある年周りになりそうです。

■近年の崇徳天皇関連の出来事

年表	出来事		崇徳天皇 関連
昭和 13 年	東京五輪返上		
昭和 15 年	日米通商航海条約破棄宣告	→	神宮号宣下
昭和 16 年	開戦		
昭和 39 年	初の東京五輪	←	式年祭
平成 30 年			還都 150 年
令和元年			生誕 900 年
令和 2 年	2 回目の東京五輪		

古事記、日本書紀、日本国憲法

『日本書紀』は東京オリンピックが行われる令和二年（二〇二〇）年には、編纂から一三〇〇年を迎え、さらなる注目を集めています。『日本書紀』とは、国家が命じて作らせた日本最古の歴史書で、日本の正史です。養老四年（七二〇）に編纂されました。それに対して『古事記』は、和銅五年（七一二）に編纂された日本最古の歴史書で、日本神話が書かれています。この二つは似たような内容ですが、編纂された経緯が異なります。

『万葉集』もこれらの書物と同時期につくられました。美しい情景や、山や海の神々が和歌によって表現されています。『古事記』は神話、『日本書紀』は正史、『万葉集』は、古《いにしえ》の人々の心といってもいいでしょう。

『古事記』の最大の意義は、宗教を統合することでした。日本各地の神様を兄弟や親族としてすべてを血縁関係で結び一つの国にまとめました。『古事記』の意義は、あらゆる宗教を統合して、話し合いによって国が統合されたことです。

例えば、伊勢神宮と出雲大社《いずものおおやしろ》では、祀る神様が天照大御神と素戔嗚尊《すさのおのみこと》とそれぞれ異なり、参拝方法も二拝二拍手一拝と、二拝四拍手一拝と異なります。

国も宗教も違う日本列島で、奈良を中心とする大和国《やまとのくに》の神・天照大御神を姉、出雲国の神・素戔嗚尊を弟として、一つの家族として物語にしました。その他の日本各地で祀られる神様も、孫だったり、叔父だったりと、すべてを一つの神様の体系として描いたことで、国が統合されました。

たまたま出会った神様も、誰かしらの血縁関係をもっていて、どの神様を辿ったとしても、必ず初代天皇にたどり着くことになります。

『古事記』は戦争を経ず神話を通して、国の統合を行った画期的な書物でした。これを元に、国家が歴史書として、公式に編纂したのが『日本書紀』です。

似たような事例として、欧州連合（ＥＵ）が話し合いによって、欧州での国の統合を達成しました。しかし、スイスやノルウェーなどが未加盟など、欧州全域を網羅《もうら》した国の統合ではありませんでした。ギリシャの隣国トルコがＥＵに加入できないのも、国民のほとんどがイスラム教という、宗教の違いが指摘されています。

ＥＵは宗教権力にとらわれないことをうたっていますが、実際には、それを理由に拒否する人も多いようです。巨大経済圏として欧州の国の統合を実現できましたが、宗教統合までは達成していません。

『古事記』『日本書紀』が、国の統合と宗教の統合を、話し合いによって同時に達成したことは驚くべきことです。

元号もまた、宗教統合したものでした。世界では西暦が広く使われるようになりましたが、イスラム教徒はイスラム暦を使い、仏教徒は仏暦を使います。日本国内においては、どの宗教を信仰する人も宗教に関係なく、唯一使えるのが元号です。

このような『古事記』『日本書紀』の精神は、「明治」に制定された大日本帝国憲法にも引き継がれます。

大日本帝国憲法は、近代国家の歩みとして、明治二二年（一八八九）の紀元節《きげんせつ》二月一一日に交付されました。

日本が、アジアで初めての立憲国家になるために尽力したのが、初代内閣総理大臣の伊藤博文《いとうひろぶみ》のもとで法政官僚を務めた井上毅《いのうえこわし》でした。

熊本の藩士として生まれた井上毅は、明治四年（一八七一）、司法省に勤め、翌年フランスで本格的に法学を研究し、ドイツに渡りプロイセン憲法を学びます。明治九年

（一八七六）には、法制局にて諸外国の法制の調査に当たり、岩倉具視や伊藤博文のもとで、憲法研究を続け起草《きそう》を行うようになりました。

井上毅は、『古事記』『日本書紀』に加え、朝廷の神事・儀式・慣例、官職の沿革記録などを記した書物などの古典の研究を続けます。『万葉集』などの和歌集も含まれていました。

その上で日本の憲法は、欧州諸国の憲法の翻訳であってはならないのであって、国の伝統に根差した独自のものであるべきとの強い信念を持つに至りました。

その古典研究の中で、井上は「しらす」と「うしはく」という類似語に着目します。『古事記』にある天照大御神や天皇に関わるところでは、すべて「治《おさ》める」という意味で「しらす」という言葉が使われていました。

「しらす」という言葉は「知る」を語源としている言葉であり、天皇がまず国民の喜びや悲しみ、願い、あるいは神々の心を知り、それをそのまま鏡に映すようにわが心に写し取って、それと自己を同一化させ、自らを無にして治めようとされる意味である、と解きました。

一方の「うしはく」という言葉は、西洋で「支配する」という意味で使われている言葉と同じで、豪族たちが占領して私物化した土地を権力によって支配する意味で使われている、と違いに気づきます。

似たような二つの言葉は、厳密に使い分けられていることに気づき、「しらす」の理念こそ国体の本質であると考えます。

そこで、井上毅は憲法第一条を「日本帝国ハ万世一系ノ天皇ノ治ス所ナリ」と案を出します。日本国は、天皇が権力をもって統治している国ではなく、天皇が日本国や日本国民のことを知ることで、国を治めているという意味です。

最終的には、伊藤博文から異論が出され、重要視していた「治《しら》ス」の言葉が「統治ス」に改められ、左記のようになりました。

【大日本帝国憲法　第一条】

「大日本帝国ハ万世一系ノ天皇之ヲ統治ス」

しかし、井上毅は憲法の解説書の中で、この「統治ス」は「しらす」すなわち、天皇が日本国のあらゆることを知るという意味であることを明記しています。

その精神は、昭和二一年（一九四六）に交付された日本国憲法に、そのまま引き継がれました。日本国憲法は、先の大戦後にＧＨＱが主導して改正されましたが、第一条には天皇の項が残り、井上毅が示したかったことの本質は護られているように思います。日本国憲法の第一条を記します。

【日本国憲法　第一条】

「天皇は、日本国の象徴であり日本国民統合の象徴であつて、この地位は、主権の存する日本国民の総意に基く。」

上皇陛下は、象徴天皇として初めて即位なさいました。常に象徴天皇としてのあり方を模索し、日本各地に行幸に出かけます。それは日本国を知るという行為だったと思います。上皇陛下にとって、象徴とは「しらす」ということだったように思えます。

祝日と休日

勘違いされやすいのですが、祝日は休日ではなく、祝う日です。

最近では、祝日は休日として、遊園地に行って遊んだり、家でゆっくりしたり、心や体を休める日と理解されているような気がします。しかし本来は、祝うために設けられた日です。

昭和二三年（一九四八）に成立した「国民の祝日に関する法律」が現行法となっています。ここに祝日が規定されています。

ゴールデンウイークなど稀《まれ》に見られる「国民の休日」は日本の祝日に関する法律（以下、祝日法）に定められたもので、祝日と祝日に挟まれた平日を休日にするものです。祝日が日曜日だった場合、翌月曜日が「振替休日」として休日になります。

祝日法には明確に、祝う日「祝日」と休む日「休日」が分けて規定されています。

明治三年（一八七〇）に、日本の国旗を「日の丸」と定め、国旗を掲揚《けいよう》する日として、祝日が初めて制定されました。

この時に決まったのは、正月一日、正月一五日、三月三日、五月五日、七月七日、七月一五日、八月一日、九月九日、九月二二日の九つです。

旗を掲げる日と制定したため、現在でも祝日のことを旗日《はたび》と呼ぶことがあります。

その後、大正元年（一九一二）の改正では、天長節《てんちょうせつ》（天皇誕生日）、紀元節（建国記念の日）を祭日《さいじつ》、それ以外を祝日と分類するようになります。

祝日の日付や数は毎年変わります。春分の日や、天皇誕生日、月曜日に固定された祝日などがあるためです。

春分の日は、天文学上の春分点《しゅんぶんてん》により算出しているため、年によって異なります。秋分の日も同様です。平成三〇年（二〇一八）は一二月二三日が天皇誕生日として祝日ですが、代替わりがあったので、令和二年は二月二三日が祝日です。

令和元年には天皇の代替わりの年、令和二年は東京オリンピックの年なので、祝日が特殊な年になります。祝日の定義と由来も合わせて記します。

【令和元年の祝日（一七祝日、五休日）】

祝日、（）は休日	日付	定義	由来
元日	一月一日	年のはじめを祝う。	歳旦祭
成人の日	一月一四日	おとなになったことを自覚し、みずから生き抜こうとする青年を祝いはげます。（一月の第二月曜日）	元服の儀
建国記念の日	二月一一日	建国をしのび、国を愛する心を養う。	神武天皇即位
春分の日	三月二一日	自然をたたえ、生物をいつくしむ。	春分日
昭和の日	四月二九日	激動の日々を経て、復興を遂げた昭和の時代を顧み、国の将来に思いをいたす。	昭和天皇誕生日
（国民の休日）	四月三〇日		
天皇の即位の日	五月一日	国民こぞって祝意を表す。（休日だが、祝日扱い）	今上天皇即位
（国民の休日）	五月二日		
憲法記念日	五月三日	日本国憲法の施行を記念し、国の成長を期する。	日本国憲法施行
みどりの日	五月四日	自然に親しむとともにその恩恵に感謝し、豊かな心をはぐくむ。	元の昭和天皇誕生日

こどもの日	五月五日	こどもの人格を重んじ、こどもの幸福をはかるとともに、母に感謝する。	端午の節句
（振替休日）	五月六日		
海の日	七月一五日	海の恩恵に感謝するとともに、海洋国日本の繁栄を願う。	明治天皇の行幸からの帰港日
山の日	八月一一日	山に親しむ機会を得て、山の恩恵に感謝する。	海の日に対する
（振替休日）	八月一二日		
敬老の日	九月一六日	多年にわたり社会につくしてきた老人を敬愛し、長寿を祝う。（九月の第三月曜日）	年寄りの日
秋分の日	九月二三日	祖先をうやまい、なくなった人々をしのぶ。	秋分日
体育の日	一〇月一四日	スポーツにしたしみ、健康な心身をつちかう。	昭和の東京五輪開会式
即位礼正殿の儀の行われる日	一〇月二二日	国民こぞって祝意を表す。（休日だが、祝日扱い）	即位礼の日
文化の日	一一月三日	自由と平和を愛し、文化をすすめる。	明治天皇誕生日
（振替休日）	一一月四日		
勤労感謝の日	一一月二三日	勤労をたっとび、生産を祝い、国民たがいに感謝しあう。	新嘗祭

■【令和二年の祝日（一六祝日、二休日）】

祝日、( )は休日	日付	定義	由来
元日	一月一日	年のはじめを祝う。	歳旦祭
成人の日	一月一三日	おとなになったことを自覚し、みずから生き抜こうとする青年を祝いはげます。（一月の第二月曜日）	元服の儀
建国記念の日	二月一一日	建国をしのび、国を愛する心を養う。	神武天皇即位
天皇誕生日	二月二三日	天皇の誕生日を祝う。	今上天皇の誕生日
（振替休日）	二月二四日		
春分の日	三月二〇日	自然をたたえ、生物をいつくしむ。	春分日
昭和の日	四月二九日	激動の日々を経て、復興を遂げた昭和の時代を顧み、国の将来に思いをいたす。	昭和天皇誕生日
憲法記念日	五月三日	日本国憲法の施行を記念し、国の成長を期する。	日本国憲法施行
みどりの日	五月四日	自然に親しむとともにその恩恵に感謝し、豊かな心をはぐくむ。	元の昭和天皇誕生日
こどもの日	五月五日	こどもの人格を重んじ、こどもの幸福をはかるとともに、母に感謝する。	端午の節句

（振替休日）	五月六日		
海の日	七月二三日	東京オリンピック特例で日付移動。平成三二年（令和二年・二〇二〇）に開催される東京オリンピック競技大会の開会式前日。	明治天皇の行幸からの帰港日
スポーツの日 ※体育の日から改称	七月二四日	東京オリンピック特例で日付移動。開会式当日。	昭和の東京五輪開会式。
山の日	八月一〇日	東京オリンピック特例で日付移動。閉会式翌日。	海の日に対する
敬老の日	九月二一日	多年にわたり社会につくしてきた老人を敬愛し、長寿を祝う。（九月の第三月曜日）	年寄りの日
秋分の日	九月二二日	祖先をうやまい、なくなった人々をしのぶ。	秋分日
文化の日	一一月三日	自由と平和を愛し、文化をすすめる。	明治天皇誕生日
勤労感謝の日	一一月二三日	勤労をたっとび、生産を祝い、国民たがいに感謝しあう。	新嘗祭

祝日は、基本的に一年に一六日ありますが、「振替休日」「国民の休日」の休日の数は暦によるので年によって違います。

祝日法によって、祝日は祝う日、休日は休む日という本質の違いから、別のものとして規定されています。

祝日とは、玄関に国旗を掲げ国の記念日を祝い、神社にお参りに行って感謝し、家族の成長を祝い、季節を愛《め》でる日です。

ところが、経済動向による土曜日、日曜日、月曜日の三連休商戦のために、いくつかの祝日は月曜日に固定しました。

誕生日を家族が祝いやすいように、第何月曜日に変更したとしても、本来の祝う意味が見出されないのと同じで、暦に沿った祝いこそ祝日の本質です。

このように、祝日は祝うことに意味があります。「明治」の祝日制定以降、何度か祝日法は改定されましたが、一貫して、祝うための日であることが書かれています。

また、天皇の代替わりにより元号が変わるため、「昭和」の年間は四月二九日、「平成」の年間は一二月二三日、「令和」の年間は二月二三日と、元号によって天皇誕生日の日付が違っています。

天皇の譲位と即位の関係のため、平成三一年・令和元年（二〇一九）は、天皇誕生日がない珍しい年となりましたが、令和二年からは二月二三日が天皇誕生日として祝日になります。

ちなみに、昭和六四年・平成元年（一九八九）は、昭和天皇が一月七日に崩御したため、本来の天皇誕生日の四月二九日をみどりの日（現在は五月四日）とし、新たに一二月二三日を天皇誕生日として制定しました。

戦後も残った奇跡の「昭和」

昭和二〇年（一九四五）に、昭和天皇による終戦の詔書《しょうしょ》により、先の大戦は終結します。この後、日本は、「サンフランシスコ講和《こうわ》条約（昭和二六年・一九五一）」の締結《ていけつ》まで、アメリカの占領下に置かれることとなりました。

ところが、占領下の間もその後も、天皇の存在や元号の存続が認められます。「昭和」が戦後も続いたことは、奇跡という他ありません。

戦後、アメリカによる占領統治のもと、元号が廃止され西暦が採用されてもおかしくはありませんでしたが、ここで元号が途切れなかったことは、日本の歴史上、大きな出来事でした。

それどころか「昭和」は六四年まで続き、日本史上最長の元号となりました。それまで最長だった「明治」の四五年をおよそ二〇年更新するものでした。日本史上最長であると同時に、さらには、世界史上最も長く続いた元号でした。

ＧＨＱが主導して憲法が作られ、大日本帝国憲法を改正するという形で、憲法が変わりました。しかし、ここで天皇と元号は残りました。

そもそも、日本国憲法を作った張本人であるＧＨＱが、西暦が憲法に反すると発言しています。ＧＨＱとは連合国軍最高司令官総司令部《れんごうこくぐんさいこうしれいかんそうしれいぶ》のことをいい、General Headquarters の略称です。進駐軍《しんちゅうぐん》ともいいます。

アメリカのハリー・Ｓ・トルーマン大統領の方針に基づいて、二五人の民政局員が憲法を改正しました。

そのうちの行政権に関する小委員会（民政局政務課員）を担当していたサイラス・Ｈ・ピークは法制局第一部長の井手成三《いでせいぞう》に対して「西暦を強要すれば、宗教の自由に反することになる」と答えています。ＧＨＱですら、西暦はキリスト教由来だという認識をもって、大日本帝国憲法から日本国憲法に改正したのです。

アメリカでは、信教の自由と政教分離は独立をした時からの憲章として重要視され、国制として成り立っていましたが、そのアメリカ人が、西暦は信教の自由に反すると言って、元号について一応の理解を示しました。

もっとも、英語では、西暦はキリスト生誕を意味するＡＤ(Anno Domini)といい、それより古い歴史には、キリスト生誕以前を意味するＢＣ（Before Christ）といいます。

紀元前とは、キリスト生誕紀元前のことです。

そして、日本国憲法は、大日本帝国憲法を改正するという手続きの上、天皇によって、昭和二〇年（一九四五）に交付されました。信教の自由は、第二〇条と第八九条に定義されています。

日本国がなくなるかもしれないという危機に、昭和二〇年（一九四五）の翌年が、昭和二一年（一九四六）だったことの意味はとても大きいです。「昭和」は、途切れることなく、ひと続きだったのです。先の大戦の戦前、戦中、戦後を通して「昭和」が使われたことは、元号が継続したこと以上に、国家として日本が残ったという意味をもっています。

また、ＧＨＱからの占領を受けていましたが、当時の吉田茂《よしだしげる》内閣は、元号は一世一元を支持する構えでした。主には、憲法が改正されようとも元号をなくさない、終戦による改元は行わない、西暦の使用は個人の自由というものでした。ここで明治時代に定めた「一世一元を、永式として定める」の原則が効《き》きました。

この原則がなければ、何か別のものに変わっていた可能性もあります。

元号が護られたとはいえ、終戦から五年後の昭和二五年（一九五〇）には、参議院の文部委員会で「元号に関する調査」が取り上げられ、正式に審議されています。参考人に選ばれた二三名のうち一四名は元号反対または西暦推進派、八名は明言していないなど、元号反対派を揃え、元号を廃止する目的だったことは目に見えていました。

そこで、神社本庁《ほんちょう》の鷹司《たかつかさの》信輔《ぶすけ》は、元号の存続にとって重要な発言を残します。

「国民のあらゆる党派、教派の人々が如何《いか》なる対立関係に立つた場合でも、多くは元号だけは同一のものを用いております。

このあたりに国民統合の象徴というような意義も感ぜられるのでございます。

……

神社の祝詞などにキリスト紀元を用いたり、仏教寺院の墓碑銘《ぼひめい》にキリスト紀元を用いることは、我々宗教人として想像し得ないことでございます。……神道人も仏教徒もキリスト教徒も、如何なる敵宗派に属する人も極めて自然に受入れることのできる元号を存続させて頂きたいと切に希望するものでございます。

日本人のあらゆる政派、教宗派の人々がひとしく国民統合の象徴として仰《あお》いで来た皇室と縁りの深い元号が将来も尚《なお》用いられて行くことを我々は希望するものであります。……」

戦後、実際に案として上がった、改元をしないひと続きの年号として、新日本何年や戦後何年に変わっていたかもしれません。改元をしないひと続きの年号であれば、それは元号ではなく、年号であって元号の廃止を意味します。

日本人はそれを宗教と意識していなくとも、宗教由来のものと接する機会があります。生まれてからは神社参り、結婚式はキリスト教の教会、死ぬときの法事は仏教です。結婚した年は西暦、死ぬときは仏暦という別の年号では使い勝手が悪いですから、そういった時に同じ年号を使えるのが、無宗教の元号です。

世間でよく議論されるのが、元号をやめて西暦を使用してはどうかというものです。しかしこれは日本においては現行の憲法でも法律でも、過去一度も認められたことはありません。

理由は二つあります。一つは「大化」から始まり「令和」まで、一四〇〇年伝統的に、使われてきた元号を今、変えなくてはならない理由がないこと、もう一つは、宗教的な理由です。

西暦は、キリスト暦すなわちイエス・キリストが生まれた翌年を元年として、二〇一九年という年号ですから、日本は「政教分離」「信教の自由」の原則により、国が特定の宗教の暦を使うことには問題があります。

ほとんどの日本人は、浄土宗《じょうどしゅう》や浄土真宗《じょうどしんしゅう》など、何かしらの仏教に所属していて、神道も心の拠《よ》り所として身近な存在です。

日本には、宗教法人の数が一八〇〇〇〇以上あり、個人の信仰は、信教の自由として認められています。

キリスト教関連行事では、クリスマスやバレンタインが一般的になっていますが、日本ではキリスト教の普及率は一パーセントほどの割合です。

ところが、クリスマスはキリストの誕生日ではなく生誕を祝う日、バレンタインは聖ウァレンティヌス（バレンタイン）の処刑された日と、本来の意味とは違っていますが、お祭りを楽しみます。すべての宗教に寛容な日本人特有の神道性と言えます。

また、クリスマスは本来、一二月二四日の日没から一二月二五日の日没までの、教会暦の一日（二四時間）をいうため、本来一二月二五日の夜はクリスマスではありません。

すべての宗教に寛容な神道を心の拠りどころに持つ日本人は、特定の宗教にとらわれない暦を必要としています。明治時代にも、西暦やグレゴリオ暦をそのまま使用することは避け、皇紀を起算し、それを元に独自の太陽暦を策定しました。

日本人の気質や、現行の日本国憲法に則《のっと》っても、どの宗教の人も一様に使える年号は元号しかありえないのです。

行政の資料、国会の資料など、公的なものは、元号で明記しています。また、すべての法律の交付には、天皇の御名《ぎょめい》と御璽《ぎょじ》、そして元号が記されます。

ところで、フランスでも西暦は、宗教を理由に使用をやめたことがあります。ブルボン王朝と結びつきが強いカトリック教会に反発する形で、市民による「フランス革命（寛《かん》政《せい》元年・一七八九）」が起こります。

グレゴリオ暦はカトリック教の色が強いとして使用をやめ、それに伴い西暦もやめます。そこで、フランス革命暦を新たに作成し、王政が廃止された翌日を、フランス革命暦元年元日としました。

暦は、一〇進法で作られ、一か月は三〇日、一日は一〇時間、一週間は一〇日（旬《じゅん》）、一時間は一〇〇分、一分は一〇〇秒にしました。メートル法は、この時に作られたものです。一〇日単位の旬は、上旬、中旬、下旬といって使われています。

キリスト教が浸透している欧州でも、西暦やグレゴリオ暦は、宗教色が強いと思われていたことがわかります。

■本来のクリスマス

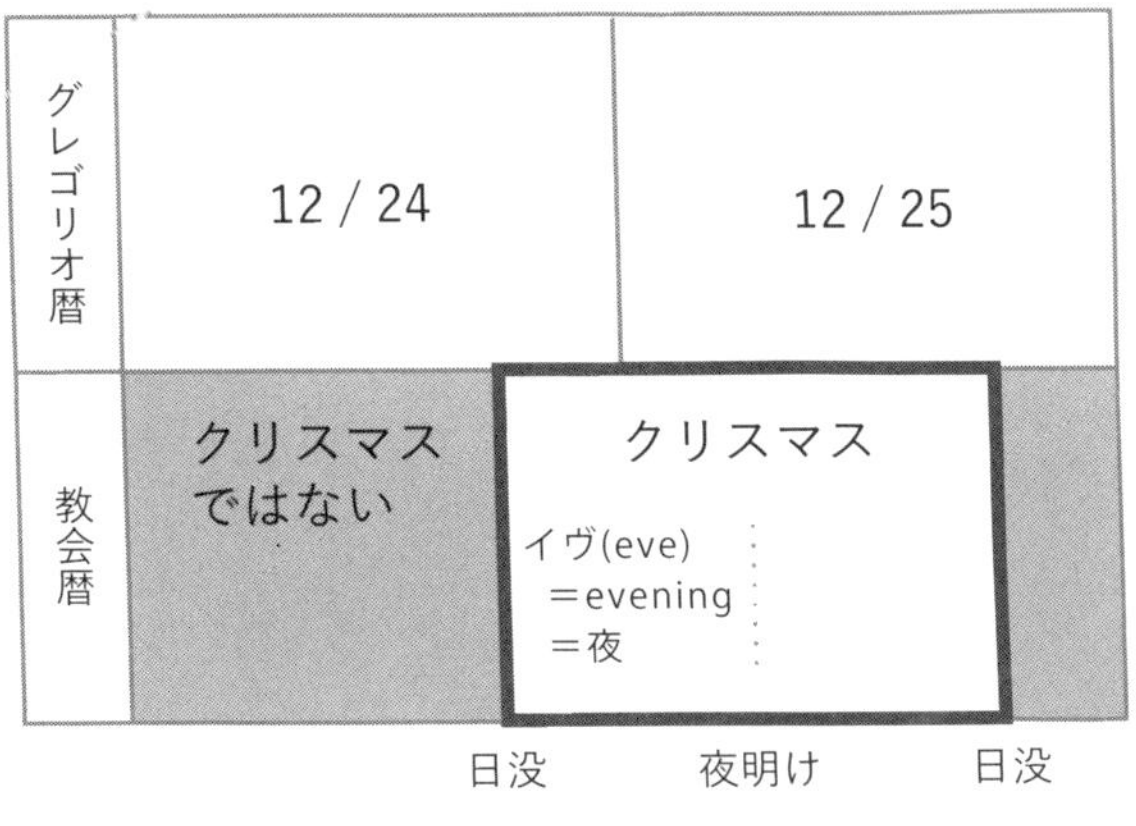
グレゴリオ暦
12／24
12／25
教会暦
クリスマスではない
クリスマス
イヴ(eve)
＝evening
＝夜
日没
夜明け
日没

元号の法律

元号についても、一世一元となった今、皇嗣殿下と悠仁親王殿下の御代の二元号が確約されているだけで、それ以降は決まっていない状態です。

戦後までは、大日本帝国憲法と並列《へいれつ》して皇室の憲法ともいえる「皇室典範《こうしつてんぱん》（旧皇室典範）」に皇室に関する制度が規定され、皇室典範のもとに元号や即位礼が定められました。

戦後、皇室憲法としての旧皇室典範は廃止され、変わって法令としての皇室典範が制定されています。

これにより「平成」の元号選定は、天皇主導ではなく、内閣が主導して行う「元号法」によって決定され、天皇の名のもとに交付されるようになりました。「令和」も同じような手続きが取られました。

そのため、「平成」と「令和」には、天皇が出す改元の詔がありません。

上皇陛下は、昭和天皇が崩御した昭和六四年（一九八九）一月七日に即位しました。即位とは、寸分《すんぶん》の間もなく位につくことを意味するので、改元は翌日です。崩御した瞬間に即位し、最初の国事行為として、元号を公布しています。よって、一つ前の元号「昭和」で即位しています。

明治天皇は「慶応」、大正天皇は「明治」、昭和天皇は「大正」、上皇陛下は「昭和」で即位しています。ところが、今上天皇は、令和元年五月一日に元号が変わったと同時に即位しましたから、「令和」で即位しています。「平成」に即位した天皇がいないという稀《まれ》な事例です。

元号は、前の天皇が崩御してから、翌日には改元する必要がありますが、改元は天皇の死を意味するため、「昭和」「平成」などの改元準備は公とせず秘密裏《ひみつり》に進められました。

元号は、提出された元号案に対して、良い悪いと意見を出し合う難陳《なんちん》の会議によって決まることが多くありました。近年の元号制定の選定会議の過程は、難陳とは呼んでいませんが、いわゆる難陳の形式です。

「明治」は特別で、御籤で決まりましたが、「大正」「昭和」「平成」は、先代の明治天皇の崩御と同時に、元号建定《けんてい》に取り掛かり、事前に用意されていた最終案の三〜六案の中から、政府による選定をしたのちに国会で議決し、天皇によって公布されています。

「明治」には旧皇室典範によって元号に関する規定がありましたが、戦後、日本国憲法に改正され、法令の中に皇室典範が明記されると、元号の法の明文はなくなりました。元号の法的根拠がなくなることを恐れ、昭和五四年（一九七九）に、元号法を制定しました。

【元号法】

第一項：元号は、政令で定める。

第二項：元号は、皇位の継承があつた場合に限り改める。

附則

第一項：この法律は、公布の日から施行する。

第二項：昭和の元号は、本則第一項の規定に基づき定められたものとする。

本則は二項目からなり、文字数としては二番目に短い法律です。

元号建定にあたって「令和」の改元でも、「平成」の改元と同様の留意点が示されました。（一）国民の理想としてふさわしい意味を持つものであること。（二）漢字二字であること。（三）書きやすいこと。（四）読みやすいこと。（五）これまでに元号又はおくり名として用いられたものではないこと。（六）俗用されているものではないこと。この六項目です。

「令和」の改元の際には、「明治」「大正」「昭和」「平成」の英語イニシャルのMTSHは除外されるのではないかと世間では噂《うわさ》されましたが、政府からそのような条件は示されていません。

そればかりか、「昭和」改元では「明保《めいほう》(M)」が案として上がり、「平成」改元では「正化《せいか》(S)」「修文《しゅうぶん》(S)」と、近年使われた元号の英語イニシャルが候補入りしています。

漢籍や日本文学の中から良い意味の漢字が選ばれますので、英語を理由に除外されることは考えにくいです。

英語になった元号

「令和」の元号の出典が初めて日本の古典『万葉集』から選ばれた一方で、初めて英語表記が示されました。「令和」は国際化した元号でもあります。

元号が発表されると世界各国にも新元号は「Reiwa」とすぐに伝えられました。

実は、過去の元号は、読み方がよくわかっていません。

一般には、漢字をそのまま音読みしていますが、音読みでも漢音と呉音が存在していて読み（発音）が人によって異なるものもあります。

そのため、明治七年（一八七四）に政府が『御《ご》諡《し》号《ごう》及《および》年《ねん》号《ごう》読《どく》例《れい》』を発行して、元号の読み方の統一を図りましたが、当時はどう読まれていたか不明です。「大正」以降は、内閣告示か官報に読み方が掲載されるようになりました。

しかし「昭和」はショウワと読まれていますが、当時内閣告示で示された片仮名表記はセウワでした。「明治」はメイヂです。一〇〇年もすると、表記と音に微妙にズレが生じることがあります。

これを解消するために「平成」を発表する際には小渕恵三《おぶちけいぞう》内閣官房長官が、筆書きした「平成」の字を掲げながら「新しい元号はヘイセイであります」と、漢字の書きと音を同時に発表しました。「令和」は少し進化させます。

「新しい元号はレイワであります」と音を伝え、「令和」の漢字を掲げ、政令の告示に「れいわ」のルビをうち、「Reiwa」と英語の表記も示し、読みをより明確なものにしました。

こうして「令和」の元号が初めて英語になりました。これまでは、平成三一年の英訳が「2019」と西暦表記でしたが、令和元年からは、英訳が「Reiwa1」になります。

「令」は美しいという意味で付けたと政府が説明したのにも関わらず、イギリスのBBC放送が「order and harmony（命令と調和）」の意味だと紹介するなど、日本が意図した意味と違う表現で紹介しました。

そこで改めて「令和」の意味は「beautiful harmony（美しい調和）」ということを各国に伝えています。

官房長官の一一分

新元号が決まったのは、平成三一年（二〇一九）四月一日でした。

元号決定の第一段階として、午前九時三〇分から総理大臣官邸《かんてい》で有識者会議「元号に関する懇親《こんしん》会」が開かれました。

有識者に選ばれた人は、上田良一《うえだりょういち》、大久保好男《おおくぼよしお》、鎌田薫《かまだかおる》、榊原定征《さかきばらさだゆき》、白石興二郎《しらいしこうじろう》、寺《てら》田逸郎《だいつろう》、林真理子《はやしまりこ》、宮崎緑《みやざきみどり》、山中伸弥《やまなかしんや》の九人でした。菅義偉官房長官が複数の元号原案を示し、意見聴取を行いました。ここで一番人気のあった元号候補は「令和」だったようです。

「令和」以外の元号候補は公表しないとされていましたが、情報漏洩《ろうえい》により、すべてが明らかになっています。五十音順に「英弘《えいこう》」「久化《きゅうか》」「広至《こうし》」「万和《ばんな》」「万保《ばんぽう》」そして「令和」の六つでした。「令和」は『万葉集』からの出典でしたが、他にも「英弘」は『古事記』から、「広至」は『日本書紀』からと日本の古典からの出典がありました。

有識者会議のあと衆参両院正副議長の意見を聞き、全閣僚会議での協議を踏まえ、新元号が決定しました。すぐさま山本信一郎《やまもとしんいちろう》宮内庁長官に電話で伝えられます。政府関係者によって、政令を書いた紙が官邸から車で皇居に届けられます。

宮内庁長官から、天皇陛下に新元号が伝えられ、ほぼ同じ時間に、西村泰彦《にしむらやすひこ》宮内庁次長から、皇太子殿下に新元号が伝えられました。

そして菅義偉官房長官によって、新元号「令和」が国民に向けて公表されました。「平成」の元号発表は、昭和天皇の崩御の悲しみの中で行われた改元だったため、官房長官は黒いネクタイをした喪服《もふく》姿でしたが、今回は紺色のネクタイを締めた晴れやかなスーツ姿でした。

新元号の公表は、一一時三〇分からと事前に知らされていましたが、一一分遅れの公表となりました。政府が、天皇陛下が政令に御名と御璽《ぎょじ》を記したことを確認して、新元号が効力をもつまで待ったとされています。

鎌倉から江戸時代にも、幕府が主導して改元を行いましたが、最終的には天皇が公布するという姿勢は一度も変わったことがありません。また戦後、改元の主導権を内閣がもつことになろうとも、最終的な交付は天皇によって行う姿勢は、決して崩しませんでした。

菅官房長官が発表を待った一一分は、天皇と元号の歴史的な意義を重視した時間だったのです。

その日のうちに、官報が発行され、正式に新しい元号「令和」が公布されました。官報には、「平成三十一年四月三十日の翌日」から施行されると明記されています。四月三〇日をもって「平成」が終わり、翌五月一日から「令和」です。

【官報】

政令

元号を改める政令をここに交付する。

御名　御璽

政令第百四十三号

内閣総理大臣　安倍　晋三

元号を改める政令

内閣は、元号法（昭和五十四年法律第四十三号）第一項の規定に基づき、この政令を制定する。

元号を令和に改める。

附則

この政令は、天皇の退位等に関する皇室典範特例法（平成二十九年法律六十三号）の施行の日（平成三十一年四月三十日）の翌日から施行する。

内閣総理大臣　安倍　晋三

告示

○内閣告示第一号

元号を改める政令（平成三十一年政令第百四十三号）の規定により定められた元号の読み方は、次の通りである。

令和《れいわ》

平成三十一年四月一日

内閣総理大臣　安倍　晋三

選ばれなかった元号

過去日本で使われてきた元号は、多くは漢籍《かんせき》（中国の古典）からの出典です。主には『書経《しょきょう》』『易経《えききょう》』『文選《もんぜん》』『後漢書《ごかんじょ》』『漢書《かんじょ》』『晋書《しんじょ》』『旧唐書《くとうじょ》』『詩経《しきょう》』『史記《しき》』『藝文類聚《げいもんるいじゅう》』などで、判明しているだけで七七あります。そこに『万葉集』が加わりました。

今後は、日本古典の『古事記』『日本書紀』『古今和歌集《こきんわかしゅう》』といった日本の古典から選ばれることも考えられます。

元号選定にあたっては、過去に元号候補として挙がったものの中から、採用されることが多いです。「令和」への改元の際にも、候補に上がった六候補のうち「久化」「万和」「万保」の三候補は、過去に候補に上がったことがありました。

「令和」と「昭和」は一発採用でしたが、「平成」は二回目、「大正」は五回目、「明治」は一一回目と、過去に何度か候補として提示されていた元号です。

ここに、過去元号候補に挙がったが採用されなかったものを紹介します。

【過去に候補に挙がったが、採用されなかった元号候補（五二六号）】

安延　安化　安寛　安観　安慶　安恒　安治　安長　安徳　安寧　永安　皆安　寛安
享安　建安　元安　至安　順安　大安　徳安　能安　宝安　万安　明安　陽安　長育
允徳　広運　永基　永吉　永光　永康　永錫　永受　永昌　永世　永清　永大　永貞
永禎　永同　永寧　永平　永宝　永命　永明　永隆　欽永　慶永　乾永　堅永　功永
弘永　正永　長永　徳永　仁永　寧永　万永　禄永　延嘉　延化　延弘　延寿　延祥
延世　延善　延祚　延仁　延禄　嘉延　享延　慶延　元延　寿延　承延　治延　徳延
寧延　応寛　応観　応烋　応久　応元　応平　応宝　応暦　応禄　寛応　久応　享応
顕応　弘応　順応　祥応　昭応　瑞応　大応　治応　長応　禎応　仁応　福応　万応
嘉観　嘉享　嘉恵　嘉高　嘉康　嘉彰　嘉政　嘉長　嘉徳　嘉仁　嘉福　嘉文　嘉猷
顕嘉　元嘉　建嘉　柔嘉　大嘉　長嘉　貞嘉　天嘉　徳嘉　文嘉　保嘉　寛化　久化
元化　興化　昭化　神化　政化　徳化　仁化　明化　正化　遐長　会同　開成　寛久
寛恵　寛承　寛寧　寛裕　寛禄　承寛　靖寛　大寛　天寛　文寛　養寛　観国　観仁
観徳　元観　正観　大観　長観　天観　文観　宝観　咸章　咸定　咸寧　咸保　咸和

監漢　監徳　漢徳　含弘　淳紀　熙康　文熙　喜慶　喜元　喜文　元喜　大喜　長喜
万喜　大亀　天亀　義同　元吉　正吉　貞吉　久承　久治　久長　久徳　久保　久暦
久和　享久　恒久　祥久　貞久　天久　徳久　暦久　休祐　休和　天烋　天求　恭明
享寿　享正　享長　享宝　享封　享明　順享　天享　文享　明享　政教　明教　協中
協和　定業　天業　天啓　天恵　敬徳　継天　継明　慶成　慶治　慶仁　慶徳　承慶
大慶　長慶　祥見　建光　建功　建寿　建初　建承　建正　建聖　建大　建太　建中
建定　建貞　建福　建文　建平　建万　建明　建禄　建和　弘建　正建　昭建　治建
天建　徳建　文建　明建　天健　顕祥　乾亨　乾綱　乾天　乾徳　元功　元康　元初
元聖　元長　元貞　元寧　元宝　元万　元竜　弘元　至元　大元　徳元　文元　養元
和元　玄通　光文　康承　康長　康徳　康寧　康文　康豊　康万　康楽　大康　文康
平康　弘徳　弘文　弘保　弘暦　正弘　大弘　天弘　文弘　万弘　成功　武功　文功
垂拱　洪徳　仁厚　寿考　高克　洽和　大亨　貞亨　興徳　興文　中興　天興　仁興
載徳　斉泰　斉治　斉徳　斉万　徳斉　文始　祉長　至正　至聖　至治　至平　政至
天受　寿長　寿徳　長寿　天寿　徳寿　得寿　養寿　修文　俊徳　淳徳　淳仁　順治
順明　天順　明順　大初　天叙　正仁　正万　正禄　長正　貞正　仁正　治昌　章明

平章　祥和　長祥　禎祥　文祥　万祥　紹明　貞勝　承天　承統　承寧　承宝　承禄

大承　文承　宝承　昭長　昭徳　仁昭　文昭　神和　慎徳　綏禄　崇徳　政善　政治

政徳　政平　政和　大政　治政　天政　徳政　仁政　明政　和政　天静　盛徳　成治

成徳　成和　天成　仁成　能成　立成　天節　徳善　天祚　徳祚　天聡　大中　大長

大仁　大寧　大武　大平　大万　大暦　大禄　天大　泰和　平泰　治定　治徳　治平

治万　治和　寧治　有治　養治　隆治　地寧　天秩　天澄　明徴　長仁　長寧　長平

長万　長養　仁長　寧長　文長　万長　明長　暦長　禄長　貞徳　天貞　保貞　万貞

廷正　定保　天定　文定　明定　天統　天同　天寧　天祐　天佑　天悠　天隆　同徳

同和　文同　和同　礼道　徳仁　徳保　徳暦　徳禄　徳和　秉徳　保徳　輔徳　万徳

容徳　竜徳　立徳　令徳　和徳　仁宝　仁保　仁豊　仁養　文仁　宝仁　養仁　寧和

保寧　万寧　和寧　万福　文平　文邦　文万　文隆　宝文　平和　和平　保佑　保禄

保和　万保　明保　用保　和保　万宝　明宝　和宝　万禄　万和　明万　養万　暦万

和万　雍和　和暦　暦和　英弘　広至

元号は、今後どのような漢字が選ばれるのでしょうか。元号法に則り、常用漢字以外のものや俗用されているものなどを、著者の調べによって除外すると、六一号残ります。

【元号法に照らし合わせて選別した候補（六一号）】

安寛　享安　至安　堅永　功永　寧永　延化　延善　享延　寧延　応寛　応久　応元
応宝　寛応　享応　治応　久化　元化　寛承　文寛　喜元　久承　久暦　享久　暦久
恭明　享寿　享長　享宝　享明　順享　文享　協中　継天　継明　元聖　元寧　康承
康万　文始　長祥　文承　宝承　治万　寧治　地寧　仁長　寧長　暦長　寧和　文万
万保　和保　養万　暦万　和万　暦和　英弘　広至　万和

次の元号は、今を生きる人々がどういう時代を作るか、またどういう時代を作っていきたいかによって変わります。

「平成」は前の「昭和」が戦争のあった時代だったからこそ、平に成るという意味の元号が選ばれています。「令和」は前の「平成」の平穏な時代を継ぎ、美しく心を寄せ合うという意味の元号が選ばれています。

今まで二三二の元号が建てられていますが、各元号それぞれが関係しあって連綿と続いているのです。一四〇〇年も続いた人々の希望と叡智が詰まった元号は、途絶えさせてはなりません。

元号は天皇と常に一体なものです。元号もまた、日本国の象徴であり、国民統合の象徴であります。

【参考文献】
(01)『直島町誌』直島町史編纂委員会、平成二一年
(02)三宅親蓮『讃岐国直島　崇徳上皇　御遺蹟調査参考略記』崇徳上皇御遺蹟顕彰会、昭和一五年
(03)宮宇地房子『崇徳院御陵綾松山白峯寺』文芸社、平成二八年
(04)三宅勝太郎『直島の地名とその由来』平成二年
(05)山田雄司『崇徳院怨霊の研究』思文閣出版、平成一三年
(06)大濱徹也『近代日本の歴史的位相』刀水書房、平成一一年、「崇徳天皇神霊の還遷　山田雄司」
(07)山田雄司『怨霊・怪異・伊勢神宮』思文閣出版、平成二六年
(08)山田雄司『怨霊とは何か』中央公論新社、平成二六年
(09)鎌田共済会郷土博物館『「郷土文化」第二十七号　崇徳上皇御遺跡案内』昭和五三年
(10)藤井讓治・吉岡眞之『崇徳天皇実録』ゆまに書房、平成二〇年
(11)竹田恒泰『怨霊になった天皇』小学館、平成二一年
(12)竹田恒泰『語られなかった皇族たちの真実』小学館、平成一八年
(13)竹田恒泰『旧皇族が語る天皇の日本史』ＰＨＰ研究所、平成二〇年
(14)岡田芳朗『改訂新版　旧暦読本―日本の暮らしを愉しむ「こよみ」の知恵』創元社、平成二七年
(15)河内祥輔『保元の乱・平治の乱』吉川弘文館、平成一四年
(16)栃木孝惟・益田宗・日下力・久保田淳『保元物語　平治物語　承久記　新日本古典文学体系』岩波書店、平成四年
(17)所功『日本年号史大事典』雄山閣、平成二六年
(18)所功・久禮旦雄・吉野健一『元号　年号から読み解く日本史』文藝春秋、平成三〇年
(19)谷田川惣『皇統断絶計画―女性宮家創設の真実』青林堂、平成二四年
(20)山本博文『元号全２４７総覧』悟空出版、平成二九年
(21)笠原英彦『歴代天皇総覧』中央公論新社、平成一三年
(22)高橋紘・所功『皇位継承』文藝春秋、平成一〇年

(23)宮内庁『明治天皇紀　第一』吉川弘文館、昭和四三年
(24)宮内庁『明治天皇紀　第二』吉川弘文館、昭和四四年
(25)『宮内庁蔵版　孝明天皇紀　第五』平安神宮、昭和四四年
(26)『岩倉公実記　中巻』原書房、昭和四三年
(27)村上重良『新装版　皇室辞典』東京堂出版、平成五年
(28)皇室事典編集委員会『皇室事典』角川学芸出版、平成二一年
(29)田中英道『聖徳太子 本当は何がすごいのか。』育鵬社、平成二九年
(30)今谷明『籤引き将軍足利義教』講談社、平成一五年
(31)香川県神職会『香川県神社誌　上巻』昭和一三年
(32)香川県『香川叢書　第三』昭和一八年
(33)坂出市『坂出市史　資料』昭和六三年
(34)桑原恵『幕末国学の諸相 - コスモロジー／政治運動／家意識』大阪大学出版会、平成一六年
(35)青木生子・井出至『新潮日本古典集成〈新装版〉萬葉集二』新潮社、平成二七年
(36)小川靖彦『万葉集と日本人　読み継がれる千二百年の歴史』角川選書、平成二六年
(37)『神社検定公式テキスト⑧　万葉集と神様』扶桑社、平成二六年
(38)大和岩雄『天狗と天皇』白水社、平成九年
(39)田中聡『妖怪と怨霊の日本史』集英社、平成一四年
(40)滝口宏『こよみと太陽系』さ・え・ら書房、昭和四三年
(41)岡田芳朗・阿久根末忠『現代こよみ読み解き事典』柏書房、平成五年
(42)内田正男『理科年表読本　こよみと天文・今昔』丸善、昭和五六年
(43)内田正男『暦と時の事典』雄山閣、昭和六一年
(44)佐々木良『美術館ができるまで　なぜ今、豊島なのか？』啓文社書房、平成三〇年

あとがき

新元号の「令和」が『万葉集』からの出典と聞いた時、「君が代」が頭に浮かびました。「君が代」は『古今和歌集《こきんわかしゅう》』の一句から選ばれたもので、ともに日本の和歌に関係するものです。「君が代」は永遠の命を岩に例えた歌で、「令和」は美しく咲き誇る花を前にして開いた歌会の一場面でした。どちらの和歌集も自然の美しさを愛でた古《いにしえ》の人の息づかいや心が、そのまま映し出されています。

『古事記』『日本書紀』には、岩のような永遠の命をもった姉・石長比売《いわながひめ》と、花のように美しく儚《はかな》い命をもった妹・木花之佐久夜毘売《このはなのさくやひめ》の物語があります。

現代社会に生きていながら、和歌を通して神話と繋がっているようです。

記紀や和歌集など日本古典では、山や海の美しさを歌い、花が咲くことを喜び、夢の中で恋をしたり、神様が泣いたり笑ったり、怒ったり拗《す》ねたりします。それればかりか、喧嘩をしたり戦ったりもします。

神様も天皇も国民も、日本列島に与えられた自然から様々なことを学び成長しています。なぜなら、そこに心があるからです。

そこに書かれた神話などは、想像もできないくらい昔の話ですが、時代が違っても自然の美しさを感じることは、今と何も変わらないように思います。

長い歴史の中で、元号は一つとして同じものはありませんが、どの時代のものでも、みんなで真剣に考え抜いて出した答えです。明日からの世界が素晴らしいものになるように、これが良い、これが悪いと議論しながら、漢字二文字に願いを込めます。

元号とは先人から続く、終わりなき人間ドラマのように思います。

また、伊勢神宮の式年遷宮は二〇年ごとに社殿を作り替える神事ですが、日本が元号を使い始めた頃から続けられているものです。社殿が古代と同じ姿で存在しているので、悠久《ゆうきゅう》の歴史を感じる一方、古代はそれほど遠くない気もします。神話の世界が、まだ続いているようでもあります。

ところで、この原稿を書いている今、私は伊勢にいます。

今日は天皇陛下が皇祖神である天照大御神に譲位の報告をする日です。昨日から伊勢神宮の皇大神宮（内宮）に入られています。

皇大神宮の社殿には天皇の皇位が正統である証の、三種の神器の一つ八咫鏡《やたのかがみ》（鏡）の実物が安置されています。

天皇陛下とともに天叢雲剣《あめのむらくものつるぎ》（剣《けん》）と八尺瓊勾玉《やさかにのまがたま》（璽《じ》）が皇大神宮の神域の中に入っているので、ちょうど今、三種の神器の実物すべてが揃っている頃です。「平成」の時代では、天皇と三種の神器が一堂に揃うことは今日が最後です。

天皇陛下におかれましては三一年もの間、いつも国民に寄り添っていただいたこと感謝してもしきれないほどです。「平成」の一日一日が素晴らしい日だったことは、嬉しい限りです。

先日、皇太子殿下（この本が出る頃には天皇陛下）が上梓《じょうし》された『水運史から世界の水へ』（ＮＨＫ出版）を拝読いたしました。日本の各地のことを書いていらして、私の住む瀬戸内のことについても広い見識で記述されていたこと嬉しくなりながらページを進めました。

私にとって「令和」は三つ目の元号です。「昭和」「平成」時代を生きてきましたが、それぞれの元号を振り返ると、天皇の御存在、その時代に育まれた文化や芸術、または災害や事件などの出来事を思い出させてくれます。西暦のように一年ごとに数字を足していくだけのものでは、決して感じ得ないものです。

新しい天皇の御代の「令和」がどのような時代になるのか、期待で胸がいっぱいです。

末筆となりましたが、本書出版にあたり啓文社書房の漆原亮太様、編集の河西泰様には、ひとかたならぬお世話になりましたこと、心より感謝しております。

平成三一年四月一八日
伊勢神宮にて

佐々木良

佐々木良（ささき・りょう）

作家、学芸員。日本国史学会。

昭和五九年生。京都精華大学 芸術学部 卒業。

大学卒業後は、地中美術館に従事し、豊島美術館においては設立時メンバーとして携わる。

京都現代美術館の学芸員を経て、現在、フリーランスとして国内外の展覧会を手がけている。

著書に『美術館ができるまで』（啓文社書房）がある。

令和は瀬戸内から始まる

令和元年五月一日　第一刷発行

著者　佐々木良

発行者　漆原亮太

発行所　啓文社書房
〒一六〇－〇〇二二
東京都新宿区新宿一－二九－一四パレドール新宿七階
電話　〇三－六七〇九－八八七二
FAX　〇三－六七〇九－八八七三
http://www.kei-bunsha.co.jp

発売所　啓文社

印刷・製本　株式会社光邦

表紙・装丁　佐藤志保

ISBN 978-4-89992-064-9